# ITALIA EN MI CORAZÓN

# ITALIA EN MI CORAZÓN

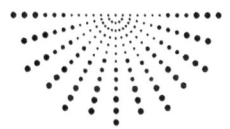

## GRACIELA THOMEN GINEBRA

GREEN ORB WHITE FAWN, LLC

El presente libro «Italia en mi Corazón: Memorias de viajes a mis raíces italianas» es una historia verídica que se puede leer independiente o como parte de la saga: «Divino Tesoro: memorias de amor y encuentro con mis antepasados italianos».

Copyright © 2024 by Graciela Thomen Ginebra

Hardcover ISBN: 978-1-950775-17-0

Paperback ISBN: 978-1-950775-18-7

Digital & Kindle ISBN: 978-1-950775-16-3

All rights reserved. ©Graciela Thomen Ginebra

**Italia en mi Corazón**

Todos los derechos reservados conforme a la ley. Queda prohibida la reproducción total o parcial de esta publicación, por cualquier medio o procedimiento, sin la autorización previa, expresa y por escrito del autor. Toda forma de utilización no autorizada será perseguida con lo establecido en la ley del derecho de autor.

Si desea el uso de citas breves en una revisión del libro o en referencias en otras publicaciones, se debe indicar al autor por cada cita. Envíe sus preguntas al correo electrónico indicado al pie.

Si desea que su comentario sobre este libro se parte de mi sitio web, escríbame al email al pie.

Preguntas y comentarios a: graciela.thomen@gmail.com

❦ Formateado con Vellum

*Dedicado a todos los que aman*

# ÍNDICE

| | |
|---|---|
| *Preludio* | ix |
| *Parte 1* | xi |
| 1. Roma, 2014 | 1 |
| 2. La ópera, el vino y los ancestros | 7 |
| 3. Hacia San Secondo Parmense | 14 |
| 4. Buscando a Isidoro | 21 |
| 5. Cesare | 27 |
| 6. Los nombres más queridos | 34 |
| 7. La iglesia de Ronchetti | 38 |
| 8. Viaje con Stefano | 44 |
| 9. Cambiará la historia | 49 |
| 10. Fiesta de Descendientes | 55 |
| *Parte 2* | 59 |
| 11. Tío Fernando en Roma | 60 |
| 12. Castello d'Argile | 65 |
| 13. Punta Cana, 2015 | 70 |
| 14. En la piscina del Westin en Punta Cana | 73 |
| 15. Relatos de familia | 77 |
| 16. Una historia de amor | 83 |
| 17. Amor de tía Pilar | 87 |
| 18. Adiós inesperado | 92 |
| 19. La Rosa de San Secondo | 97 |
| *Parte 3* | 99 |
| 20. La Estatua de Doña Blanca | 100 |
| 21. Roma | 105 |
| 22. Vino corposo | 111 |
| 23. Una bebé decidida por la vida | 119 |
| 24. Mis adorables primas Piazzi | 125 |
| 25. Viaje a San Secondo con Bárbara | 130 |
| 26. Il Fuoco di Sant'Antonio | 132 |
| 27. Romero | 136 |
| 28. Las danzas de las plumas | 141 |

| | |
|---|---:|
| 29. Mi Corazón | 145 |
| Parte 4 | 153 |
| 30. Nuevos Regalos de Italia | 154 |
| 31. El Poeta Peculiar | 157 |
| 32. Via Appia | 161 |
| 33. Adonis | 164 |
| 34. En casa de tía Pilar | 169 |
| 35. Mensajes de la Divinidad | 173 |
| 36. Sueño con tío Fernando | 176 |
| 37. Tus antepasados te esperan | 180 |
| 38. En Nueva York | 185 |
| 39. Peregrinación al Cementerio Kensico | 191 |
| 40. Ceremonia de Acción de Gracias | 194 |
| *Agradecimientos* | 199 |
| *Acerca del Autor* | 201 |

# PRELUDIO

«Abuelo, ¿cómo es la muerte?» Escuché la voz de un niño preguntar mientras ascendíamos hacia el Cielo de Roma. Hablaban en el castellano de Cervantes, y vestían trajes de saco y corbata negra. El ruido del elevador al abrirse ensordeció su respuesta. Y cuando quise darme cuenta, el abuelo y su nieto se alejaban de mí. Salí detrás de ellos, ignorando la Roma resplandeciente del atardecer y sus edificios iluminados. Los alcancé tan rápido que casi choco con sus espaldas. Sospeché por sus rostros que él ya había contestado. Tímidamente me aventuré a repetir la pregunta. Porque a eso había venido a Roma. Yo también vestía de luto.

—La respuesta... a la pregunta, por favor, —balbuceé con los ojos bien abiertos esperando palabras enormes.

Me miraron un poco extrañados. Pero el niño, como quien no quiere escuchar otra vez, volteó la mirada hacia las aves que hacían piruetas entre las copas de los árboles. Allí abajo,

## PRELUDIO

las calles mojadas iluminadas por autos con sus luces rojas titilaban, y yo con el alma colgando.

Esperé. Las pérdidas se sumaban y necesitaba escuchar el «porqué» de las cosas. El sentido de la vida y el «porqué» de la muerte. La «respuesta» que sea. Cualquiera.

El abuelo respondió suavemente.

—*Naturale* —y su mirada se perdió en la mía, profundamente—. La muerte es como la vida, *naturale* —terminó en su acento cantado entre el italiano y el español.

Y aunque este libro se trata de la vida, aquel encuentro en la palabra *naturale* resonó en mi interior como una campana.

Parece que la vida quería venir acompañada de su opuesto.

¿La vida y la muerte agarradas de la mano?

Las dos tan *naturale* como la primera bocanada de aire de un bebé; y, *naturale*, como el paso de la luna persiguiendo al sol; y, *naturale* como el cielo amoroso de Italia.

# PARTE 1
RAÍCES ITALIANAS

# 1
# ROMA, 2014

*L*os italianos inventaron la lentitud. Sirven el café con la calma de santos, sin percatarse que torturan a esta viajera con jet lag. El camarero traía las dos tacitas risueñas dando vueltas en un vals. Y coqueteaba con la idea de servir el brebaje a todas las mesas menos la mía.

Merecía un aplauso, e incluso le comenté a mi hermana: —¡Qué espectáculo el camarero danzante!— Pero ella estaba absorta en su teléfono.

Cuando las dos tacitas aterrizaron en la mesa, mis dedos se dispararon hacia el brebaje y bebí todo y quise gritar estilo Frankenstein, —¡Estoy viva! ¡Viva! En la ciudad eterna.

—Es hora de irnos —Victoria bebió de un sorbo, se levantó poniendo su mochila al hombro— para la cita con el abogado.

La seguí como flotando etéreamente escuchando una aria imaginaria pues el café había hecho su conjuro en mí. Un taxi se detuvo en la esquina. Mi hermana se sentó delante y yo detrás. Todo iba bien.

De pronto... todo cambió.

El golpe de mi puerta cerrándose fue el disparo que anunció el inicio de una carrera del Grand Prix. El taxista pisó el acelerador y lentitud de Italia salió zumbando por la ventana.

Me asusté: —¿Por qué va tan rápido? ¿Hay algún trofeo esperándolo?

Mi hermana le tradujo y él procedió a mirarla de arriba abajo como si la loca fuera ella.

—¡*normale*, esto es... *normale!* —Soltó el timón para expresarse mejor haciendo gestos con las manos.

—¡¿*Normale?!* —Repetimos las dos. Porque... ¿qué pasaría si se lleva a alguien de encuentro? Y si venía una viejita con la vaga idea de cruzar la calle.

Pero él no entendió así que me obligué a calmarme admirando las bellezas arquitectónicas que pasaban en cámara rápida por mi ventana: las gradas hacia las iglesia antiguas, las columnas jónicas de la Rotonda... «Me acostumbraré ya que Roma puede ser mi futuro», pensé.

Entonces fue cuando la vi.

Divisé a la antes retórica anciana hacerse realidad. A punto de cruzar la calle frente a nosotros.

¿Y el taxista? A mil por hora, *muy bien, gracias.*

¿Y la anciana? En «Belén con los pastores» cruzando su calle. Su vestido floreado ondeando en la brisa.

¿Y yo? Rezando evitar la catástrofe. «Hoy no, por favor, que aún no me he hecho italianaaa», grité en mi pensamiento.

Fue entonces cuando presencié un milagro: La dama,

transformándose en una figura imponente y cobrando una estatura asombrosa, levantó su bastón, y con una energía de ultratumba, vociferó al taxista del mal que se iba a morir.

El auto chirrió en alto en el último momento. Vicky se enderezó en su asiento, fascinada. Y yo, horrorizada. La anciana blandió su arma, digo su bastón, lanzando maldiciones y golpeando el chasis. Cuando la cascada de malas-palabras en melodioso italiano terminó, le rogué a Vicky que le pidiera a *il conductore* que redujera la velocidad.

¿Su reacción? ¡Indignado!

—¿Reducir la velocidad? ¡¿Para qué?—, me miró a través del espejo retrovisor.

—Bueno, déjame ver…. ¡para que no atropelles a ninguna abuelita en el camino, por ejemplo! —señalé a la anciana que ahora usaba su bastón para apoyarse.

—¡Mírala! ¿Tu no ves? ¡Está viva! —El conductor se adjudicó ese mérito—, Aquí en Roma, la velocidad ¡es *normale*, ¿eh?!

—¿Tu oíste? —Dijo Vicky imitando el acento y el ademán del taxista con los brazos— ¡Qué esto es… *normale*!

—No, señor, esto es *a-normale*— dije yo imitando su acento y Vicky se explotó de la risa con mi palabra inventada.

Pero aparentemente esta «a-normale-idad» es el gran secreto de la sempiterna Roma. ¿El tráfico donde todos se gritaban palabras de… amor? *Normale!* ¿El motociclista tomándose un cafe mientras maneja con la otra mano? *Normale!* ¿El que baila de puntillas mientras sirve el café? *Normale!*

Así que fue *normale* que el abogado, un apuesto señor de cabello gris, vestido en traje elegante, nos diera un *tour* por la azotea de su edificio para mostrar las flores de su jardín y sus plantas verdes. Yo pensaba: «¡Qué fascinante este hombre! Un abogado que también es un glamoroso jardinero. Bueno, ... *normale*, ¿no?».

SOLO QUE... metí la pata hasta el fondo, cuando intentando presentarme en italiano, en lugar de decir «Me llamo Graciela y soy la genealogista de la familia», solté a decir en italiano:

—Mucho gusto. Soy la *ginecóloga* de la familia...

Impresionado por mis «calificaciones» apretó mi mano hasta hacer una reverencia:

—*Piacere... dottoressa.*

Vicky, casi se cae del primer peldaño, volteó a decirme.

—Acabas de decirle que eres ginecóloga.

Roja hasta las orejas, patiné para atrás arreglando mis palabras:

—Oh, no... quise decir... ¿genea-cologa? O, ¿gine-coloyista? ¿Es así como se dice? Usted sabe, soy de los que andan en busca de sus ancestros. Especialmente, los perdidos —Y como vi su rostro confundido, agregué lo que era *normale* para mí—: Usted sabe. ¡Para rescatarlos del olvido!

No, él no sabía.

Pero fue encantador al seguirme la corriente y aceptar mis palabras con una inclinación.

Subimos a su despacho y, nada más entrar, retomé la carga con mis explicaciones. Después de todo estaba hablando del tema de mi vida.

—*Mi scusi*, no es la palabra correcta —expliqué—. No soy

*dottoressa*, mucho menos ginecóloga. Investigo ancestros, ¿sabe? Rescato historias de familia.

Pero él ya estaba sentado detrás de su escritorio, mirándonos con entretenimiento.

—Ella no sana gente —mi hermana explicó lo básico de mí. Y, sin más, sacó los documentos de su mochila y los puso sobre el escritorio—. En cuanto a la ciudadanía, somos cinco hermanas y unos primos. Debemos demostrarla por vía femenina. Tradicionalmente, los hombres heredaban la ciudadanía italiana por vía paterna. Así es como nuestros tíos, Frank y Fernando, se convirtieron en ciudadanos italianos a pesar de haber nacido en República Dominicana. Sin embargo, nuestra abuela Chela, también descendiente de Isidoro y Bianca, perdió su ciudadanía italiana al casarse con nuestro abuelo, ya que la ciudadanía de las mujeres se determinaba por la de sus maridos. Entonces, había que conectar nuestra genealogía con el el papá de mi abuela, Isidoro. Pero había un problemita. Isidoro abandonó a su esposa Bianca en Puerto Plata. En nuestra historia familiar, él era el «abandonador». El malo de la película.

Mi hermana dijo: —Somos descendientes directas de Isidoro y Bianca a través de su hija Chela. Estos documentos, ¿son suficiente evidencia?

El apuesto abogado comenzó con un término en latín: —«Ius sanguini»...significa derecho de sangre, pero.... Está el asunto del abandono—, y con esta, cerró el archivo.

—¿Qué tiene que ver el hecho de que Isidoro haya abandonado a su esposa? ¡Nosotros pertenecemos a Italia por sangre!

Usted mismo lo ha dicho, —dijo Vicky, metiendo las palabras deprisa.

—Hay que demostrar que Isidoro no abandonó su ciudadanía italiana, —dijo él.

—Usted cree que el pudo haber abandonado a Italia también —defendí yo.

No lo podía creer, Isidoro seguía siendo el «abandonador», y esta vez la abandonada no sería mi bisabuela, sino... ¿Italia?

Supe de inmediato que un nuevo misterio me llamaba.

Para descubrir la verdad debía reconstruir la vida de Isidoro desde su niñez para descubrir desde que edad se fue de Italia y las otras decisiones que había tomado en su vida.

Era el llamado inevitable del destino.

## 2
## LA ÓPERA, EL VINO Y LOS ANCESTROS

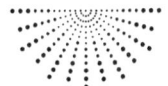

—*Andiamo per un gelato,* —dijo Vicky cuando salimos del despacho del abogado— Es una emergencia.

—Sí, necesito calmar mis nervios. Espero que Isidoro no haya salido de Italia a temprana edad. De ser así, pudo haber adquirido la ciudadanía del país donde emigró.

—No tenemos mucho tiempo. Tenemos que resolver este misterio esta misma semana. —Apuntó ella.

Llegamos a la heladería cual almas en pena buscando consuelo en un *cioccolato*, un *affogato* y un *rocciola*. Y, ¡lo encontramos! Dentro de cada cono se escondía *gianduia:* Un río de chocolate y nueces derretido.

—Un regalo después del helado, —dijo mi hermana tomando el líquido del cono.

A mí se me ocurrió devorarlo cantando la canción, «devórame otra vez», y le inventé: «ven castígame por tus sabores más que yo vine a Italia por tíiii».

Mi hermana planeó el siguiente paso: —Si caminamos una hora por Roma, quemaremos estas calorías y estaremos listas para el *Ristorante Dal Bolognese* en *Piazza dei Popolo*. Muy acertado su nombre ya que Bianca nació en Bologna.

Nuestra antepasada demostró artes culinarias excepcionales. En 1904, los esposos Isidoro Rainieri y Bianca Franceschini se asentaron en Puerto Plata, República Dominicana, con la finalidad de abrir un hotel. Bianca demostró ser una excelente cocinera y el restaurante del Hotel Europa se hizo famoso. Se decía que era tradición que todo aquel viajero se detuviera de primero a disfrutar de su gastronomía.

Ya en el restaurante, nos sirvieron *mortadela* y prosciutto San Daniele, presentado en un diseño de cintas entrelazadas y adornado con una ramita de romero. Al probarlo, sentí un toque dulce entre lo salado. A su lado, nos esperó pacientemente la mozzarella de búfala, de sabor suave y ligeramente picante, que descansaba sobre una cama de arúgula.

El *metiche* de al lado..., digo, el comensal de la mesa de al lado al vernos con tanto ahínco satisfaciendo nuestras papilas gustativas, metió su barba en lo que no le importaba y nos recomendó un *caldo di carne*. Pero para nosotras nos decidimos por un *tortellini in brodo*, especialidad de nuestra bisabuela.

—Se nota el orgullo de los italianos en los ingredientes que eligen para sus comidas—me dijo Vicky tomando fotos a la mesa servida.

Con barriga llena y corazón contento, la esperanza por el futuro, y la convicción de que el que busca halla y al que pide se le da, me concentré manjar frente a mí.

De pronto, cuando estuvimos a punto de morder el filete, una voz de tenor irrumpió en la escena. —*Oh, sole mioooo...*

Era el mismo *metiche* de la mesa de al lado, canturreando con una voz de terciopelo:

—*O sole mio, sta 'nfrante a teeee.*

—¡Qué suerte! La cena con música en vivo —rió Vicky— y opera, no más. Esto en Italia es *normale!*

El tenor respondió como si se lo hubiera dicho a él, e inclinandose hacia nosotras, dijo:

—Debo guardar mi voz. He tenido una audición y me han seleccionado. Empiezo los ensayos mañana mismo.

—¡Felicidades! —le celebramos las dos aplaudiendo.

Nos habló de sus planes con todo candor. Su pasión por la ópera era palpable. Hablaba de Verdi como si estuviera vivo. Vicky estaba fascinada y yo encantada.

—¡Que viva Roma! —Exclamé levantando mi copa en alto—. Exquisita e inesperadamente musical. Son pistas de lo que vivieron nuestros ancestros.

—¿No son italianas ustedes? ¿De dónde provienen? —Preguntó el tenor intrigado.

—Tenemos ancestros italianos —contestó Vicky—. Nacimos en Santo Domingo y...

—Y si Italia es tan maravillosa, ¿por qué se fueron sus antepasados?—Se rió con malicia.

—¡Un enigma! ¿Por qué se emigra? Hay miles de razones —contesté yéndome a lo filosofal.

—Hoy por casualidad se hace importante descubrir la razón. Por lo menos la del bisabuelo. Vivió en muchos lugares antes de asentarse en República Dominicana, —explicó Vicky.

—¡Ah! Seguro era un trotamundos —opinó él.

«Un trotamundos» era lo que decían y siguen diciendo mis primos descendientes de Isidoro. Me lo dicen casi como advertencia. Quizás desean protegerme de lo que pudiese descubrir.

Hacía más de una década que este antepasado, una vez perdido, parecía querer ser encontrado. Y yo siempre lo andaba buscando.

A mí no me molesta los rumores del abandono. Yo tengo una intuición especial con él. Y sé que Isidoro sí que amaba a su esposa y a Italia. Me consta. Porque de ser lo contrario, yo no hubiera heredado este amor ni mis familiares tampoco.

—Así como usted tiene una pasión por la ópera, mis hermanas y yo compartimos una pasión por los ancestros. —Levanté mi copa e hice ademán de salud hacia él, esperando su entendimiento.

En cambio, él se encogió de hombros.

—Nunca se me hubiera ocurrido que el tema de los ancestros fuera tan fascinante.

Reaccioné escupiendo el vino y mi hermana se echó a reír.

—¡Pero si ya no están! —arremató el tenor haciéndose el chistoso.

—¡Tú! —Lo acusé con el dedo y lo tuteé de inmediato—. ¿En serio no tienes curiosidad por saber de tus raíces? ¿No te interesan saber los antecedentes que forman tu psiquis para que *tú* seas *tú* hoy?

—¿Y si esa pasión por la ópera viene de algún ancestro? —arremetió Vicky con una vehemencia que aplaudí.

—¡Bah! —contestó el cantante en un tono tajante que hasta rayaba en lo displicente.

Vicky levantó una ceja y me miró. Estaba dispuesta a dejar

la discusión ahí y comenzar a ignorar al tipo. Pero yo seguí. No me podía aguantar.

—Mira, en nuestro caso había un misterio en la familia...

—¡Peor me lo estás poniendo! Yo no hubiera ido a resolver ningún misterio. ¡Atento a ver qué encuentras!

Me hice la desmayada, y Vicky, siguiéndome el juego, me abanicó con su servilleta para que yo no perdiera la consciencia.

—Vicky, necesito más vino —dije, blandiendo mi copa vacía.

—Ah, si, *scusi*, —Vicky tomó la botella del cantante, él aprobó y nos sirvió.

Con mis manos temblorosas, tomé el elixir que pretendí me traía a la vida. Ya con fuerzas, decidí atacar a la yugular:

—¿No sería igual con la ópera? Compositores que ya no viven. Una música tan vieja como obsoleta.

Le tocó a él que se le cayera la quijada. Vicky arremetió:

—Y siempre la misma tragedia...

—¡Es una música viva! ¡Está viva dentro de mí... y de muchos! —saltó él.

—¡Nuestros antepasados están vivos, dentro de mí, de tí... de todos! —dije imitando su tono.

—¡Que vivan los que viven en nosotras! —Vicky chocó su copa con la mía.

Pero yo tenía más que decir. Quería hacerlo dudar:

—¡¿Y si los grandes tenores y compositores fueran tus ancestros espirituales?! Su música hace vibrar tu corazón porque despiertan en ti algo. Es la razón de tu amor por la opera. Giacomo Puccini, Giuseppe Verdi, Gioachino Rossini. Son tus predecesores, tus ¡ancestros espirituales! —Le dije.

Noté por su expresión que lo había intrigado, así que seguí. —¿Qué tal «Carmen»?— Me levanté de mi asiento y con mano en la cadera, bailé el aria que me sabía de esta opera famosa.

El tenor se divirtió dándome datos:

—«Carmen» la escribió un compositor francés, Georges Bizet. No era italiano. Pero, te voy entendiendo. ¿Ancestros espirituales, dices? Bueno, no sé si es el vino pero, ¡empiezo a verlo claro! Es más, me has convencido. ¡Camarero, otra botella para las señoritas, por favor!

—¡Brindemos por nuestras pasiones! —dijimos Vicky y yo—. Algunas de ellas heredadas, y todas, compartidas.

—¡Por la ópera! —aprobó el tenor con idéntico entusiasmo —¡Qué acaricia nuestros oídos como una vez los de nuestros antepasados!

—¡Por el vino! —Vicky tomó la nueva botella del tenor para servirnos.

—¡Y por San Secondo Parmense, donde descubriremos otras pasiones y grandes amores!

Al final nos hicimos mejores amigos. Terminó cantando y todo el restaurante terminó aplaudiendo. Nos prometió invitarnos a todos a una opera. Aún estoy esperando los boletos.

—Espero que no encuentres nada malo de Isidoro —dijo a modo de despedida.

—¿Qué, qué? —Le pregunté porque no le había entendido.

—¡Ja, ja! Que allá en San Secondo tal vez descubras que Isidoro no era tan bueno.

El vino ya había hecho su conjuro y lejos de molestarme, le espeté una carcajada en la cara. Le informé que lo que buscamos se refiere a nosotros mismos. Nuestros encuentros son nuestro reflejo. Si Isidoro era el tronco de mi árbol genealógico, yo, su fruto, no podia caer tan lejos del tronco. Lo que estoy buscando me iba a salir al encuentro.

Aunque reconozco que la razón por la que Isidoro había emigrado se había convertido en una cuestión de orgullo. Confié que mi norte estaba firme y me prometí encontrar la verdad. Cualquiera que sea esta. Y atenerme a las consecuencias. Cualquiera que fueran.

Deseé que hubiera algo mágico, quizás místico, para salirnos al encuentro.

Deseé estar lista para recibir toda las bendiciones de estos ancestros.

... y para demostrarles a todos que la sangre no se equivoca.

3
# HACIA SAN SECONDO PARMENSE

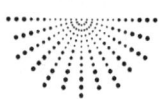

El moderno tren cruzaba las colinas etruscas al mismo tiempo que mis dedos surcaban una lista en papel de posadas de San Secondo Parmense. Había encontrado casas de familia convertidas en hoteles que recordaba el negocio familiar de nuestros antepasados en Puerto Plata. Si bien la meta era obtener información sobre Isidoro, y fecha en que salió de Italia, Vicky y yo no podíamos evitar soñar lo mágico. Albergábamos la esperanza de encontrar una iglesia o vivienda que hubiera arropado a nuestros ancestros, y hasta encontrar primos lejanos.

El certificado de nacimiento de Isidoro constataba que su casa quedaba en *Via Ronchetti*. Y cual fue nuestra sorpresa al encontrar un B&B, Casa Adriana, exacto en esa calle. Al llamar para reservar, el dueño, Franco Dodi, se ofreció a recogernos.

Al salid de la estación, vimos a un hombre muy alto, delgado, de grandes ojos celeste que caminaba despreocupado. Su cabello canoso caía en mechones sobre la frente. Vestía pantalones vaqueros y camisa blanca.

—¿Será Franco? —murmuró mi hermana a mi lado.

—Debe ser que sí porque parece primo tuyo, Vicky. Es alto como tu, y tiene los brazos laaaargos.

Él se detuvo frente a nosotras.

—¿Vittoria? ¿Graciela? Soy Franco, de Casa Adriana —su sonrisa amplia y franca nos cayó bien. Entre nosotros surgió una corriente instantánea de simpatía y, por nada, nos echamos a reír.

Le seguimos hasta el carro, que nos esperaba cerca del puente que cruzaba el río Parma. Me pareció que el carro estaba estacionado «donde fuera». Mientras nos acomodamos dentro, yo le murmuré a Vicky:

—Dejar el carro estacionado como si nada en una esquina del puente, esto debe ser *normale*.

Al notar que comentábamos sobre el auto, Franco nos explicó que pertenecía a su madre, Adriana, y se usaba para los huéspedes. Él había dejado el suyo en la casa. Luego nos pasó un puñado de CDs que estaban entre los asientos delanteros para que escogiéramos música italiana. Dijo que sería un paseo muy lindo, de media hora a lo sumo.

—¿Es la primera vez que visitan Parma? No duden en preguntar cualquier cosa que quieran saber sobre la ciudad...

Yo, como siempre de preguntona, comencé. Así supimos que su padre había comprado la casa hacía muchos años para su madre. Cuando él murió, Franco le dijo: «Madre, ¿y qué vas a hacer con esta casa tan grande? Alquila las habitaciones». Era una manera de que ella se estuviera entretenida y de recibir ingresos para mantener una casa de tales dimensiones.

Él siempre parecía dispuesto a ayudarla. Deduje que era un buen hijo.

—Antes de tomar camino a Casa Adriana, necesito pasar por la oficina de correos para recoger un paquete. —Dobló por un centro comercial. El estacionamiento estaba lleno. Sin titubear, subió el carro a la acera, apagó el motor y nos dijo—: Espérenme aquí, por favor.

Vicky se aventuró a decirle lo que era obvio antes de que él cerrara la puerta: —Estás estacionado en plena acera.

—Me tomará dos minutos—. Cerró la puerta, sonrió a través de la ventana y se fue.

Vicky y yo nos miramos y decidimos inspeccionar el carro por dentro.

—Y ¿de qué año será este carro? ¡De milagro tiene reproductor de CD y no de cassette! —dije yo.

—Es un poco viejito… Pero dice que es de su mamá. Como el negocio es de ella y él parece buen hijo, debe ser primo nuestro —concluyó.

Para bromear le, dije:

—Para mí que es más primo tuyo: estaciona en la acera, como tú.

Mi hermana nunca rompe las reglas de tráfico y le molesta cuando otros los hace. Pero hice alusión a una única vez que quebró las leyes en una emergencia, cuando se había estacionado en una acera en la Zona Colonial de Santo Domingo. No le gusta que se lo recuerde. Yo la estaba relajando y seguía: —Debe ser… *normale!*

Franco volvió, paquete debajo del brazo, buscando algo en el bolsillo de la camisa. Abrió la puerta del carro, se sentó y

ITALIA EN MI CORAZÓN

siguió buscando algo en medio de los asientos. Volvió a salir del carro.

—¿Y la llave? ¿Dónde la dejé? —preguntaba mientras volvía a revisar los bolsillos. Volvió a ver debajo del asiento y nada.

En español, Vicky me murmuró:

—Creo que es más primo tuyo porque se le olvidan las cosas y es bien distraído. ¡Igualito a ti! —Levantó los brazos como lo había hecho yo, riéndose—: *Normale!*

Nos bromeamos sobre quién era más olvidadizo, o tenía al primo, lo cual era absurdo porque somos hermanas. Pero así somos de... ¡*a-normale!*

Luego, Franco vio la llave en el suelo de su asiento. —¡Ah, miren! ¡Aquí está!

—*Normale!* —no pudimos evitar repetir.

De camino a Casa Adriana, Franco, con la curiosidad propia de un buen anfitrión, nos preguntó qué nos traía a Parma.

—Estamos buscando a Isidoro Rainieri... —comencé desde el principio.

—Isidoro... —Franco se quedó pensando.

—Si. Isidoro nació en la vía Ronchetti que es la misma calle de Casa Adriana. ¿Qué coincidencia, eh?—agregó Vicky.

—¿...de San Secondo? No lo conozco, —admitió.

Nos intercambiamos miradas divertidas.

—A menos que seas centenario —bromeó Vicky.

Y yo agregué, —Isidoro nació en 1857.

Yo seguí con mis preguntas: —¿Qué tan antigua es la casa de tu mamá? ¿Sabes en qué año la construyeron? ¡Quiero saber... y si él vivió ahí! ¿O habrá sido vecino? ¿La habrá

17

visto? —Yo soñaba con encontrar algo, lo que sea que nos diera pistas de su vida.

—Pero, ¿quién es Isidoro?

—¡Nuestro bisabuelo! —exclamamos las dos al unísono, estallando en carcajadas.

Sin más, la música italiana seguía tocando y él seguía manejando a veces señalando algo que le parecía interesante. La pradera era imposiblemente verde y las casas de piedra salpicaban el panorama. Todas tenían flores siempre cerca de las ventanas o en sus vías de entrada. Noté que la mayoría eran rosas.

En eso, pasamos al lado de una gasolinera y Vicky le señaló el medidor del tanque de gasolina.

—¿No hay que llenar el tanque? El carro parece no tener gasolina.

—*Benzina?* —dijo él mirando el marcador.

—Le falta —dijo Vicky—, *benzina*, sí.

Vi que Franco se inclinaba para observar de cerca la aguja que indica el volumen. Hasta yo, desde el asiento de atrás, podía verlo bien. Pero no se detuvo cuando le pasamos por al lado de una bomba de gasolina. Él siguió de largo.

Entonces fui yo que alargué la mano para volverle a preguntar sobre la *benzina*.

—¡Él va! —me contestó.

Y yo:

—¿Quién va?

Y Vicky:

—Que el carro va.

Y yo:

—¿Será ciego? Yo veo desde aquí que la aguja está más abajo de la «E» de «échame».

Vicky le indicó:

—Mira, Franco, está debajo de la «E» de «*Empty*».

Franco volvió a inclinarse sobre el marcador del tanque de gasolina, como si quisiera ver mejor. A todo esto, seguía manejando por las praderas de Parma, de camino hacia San Secondo, y sin hacer ningún ademán de aminorar la velocidad.

—*Normale*... ¡Él va! —repitió.

—¡¡¡Y tu también vas a salir con lo de *normale*!!! —dije yo relajando.

Vicky me miró encogiéndose de hombros.

Y yo, riéndome: —¡Ajá! *Normale* va a ser cuando nos quedemos en el medio de Parma sin gasolina...

Suspiré y me dejé llevar por el paisaje. La grama era verdísima.

—No es cualquier yerba. Es yerba médica. Especial de Parma —dijo Franco— para alimentar las vacas del queso parmesano.

De pronto dijo: —¡Ah! La entrada...

Nos indicó un letrero con el nombre «San Secondo».

Me enderecé en mi asiento. De pronto, esto no era solo «Parma», sino la tierra de mis ancestros italianos.

Vicky, rápida como siempre, logró sacar una foto de la entrada con el auto en marcha. Cuando nos la mostró en la pantalla de la cámara, la foto quedó perfecta y Franco quedó impresionado.

—Es que es fotógrafa profesional y ha recibido galardones internacionales... —le dije, orgullosa de mi hermana.

Franco estacionó frente al parque de entrada de la Rocca dei Rossi, el castillo de San Secondo. El parque estaba lleno de gente, algunos en bicicletas, otros caminando plácidamente, niños jugando...

—Guarda la llave bien, Franco —le dije mirando a Vicky para verla reír.

Siguiendo a Franco, cruzamos el parque del castillo hacia el restaurante de enfrente.

# 4
# BUSCANDO A ISIDORO

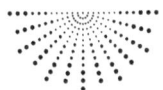

*E*l restaurante Pórfido, se encuentra en uno de los edificios más antiguos, de más de 300 años, frente al castillo. Los dueños eran una familia Napolitana. El papa era el Chef. Su hija Carolina nos dio la bienvenida. Lo primero que elegimos fue un *prosciutto*. Al probarlo, se nos derritió en la boca por lo finísimo que era; una exquisita hoja de sabor que se fundía en la lengua.

Los comensales curiosos querían saber la razón de nuestra visita a San Secondo. Franco no perdió tiempo y me pidió la copia del acta de nacimiento de nuestro bisabuelo, «Isidoro Angelo Rainieri» para pasárselo a uno, y ese se lo pasó al otro, y ese al otro. Todos parecían tener una opinión: «Llévalas aquí..., o allá...». Le sugerían a Franco. «Allí vive un Rainieri. Acá vive otro...» ¡Un apellido muy común!

Un señor notó el subrayado: «Lugar de nacimiento: vía Ronchetti», y dijo:

—Hey, Franco. ¿No es ahí donde queda la casa de tu madre?

—Por eso la escogimos para alojarnos. ¿Puede ser que Isidoro haya nacido ahí? —Le pasé otra hoja con la lista de casas de alojamiento a Franco— Mira, la casa de tu madre sale ahí, con el nombre de esa calle.

—¿De donde sacaste esta lista? —preguntó asombrado.

—Ni me acuerdo. Habrá estado entre mis archivos. Llevo más de una década investigando a mis ancestros, en especial a Isidoro.

Franco se levantó resuelto:

—Entonces, primero vamos a casa de mi madre a dejar las maletas. Ella también conoce a mucha gente…

Casa Adriana es de las granjas más antiguas de la vía Ronchetti que sigue en pie. Se asemejaba a dos casas en paralelo: el establo y la casa original. Un techo posterior une ambas partes, con dos grandes portones en cada extremo.

Adriana nos recibió con una amplia sonrisa. Era una señora dulce, de preciosas facciones y unos ojos celestes casi color agua, como los de Franco. Nos mostró la casa, explicando:

—Recibimos principalmente familias italianas. Una vez vinieron 18 y se las arreglaron bien compartiendo baño. Pero nuestros huéspedes regulares son los ciclistas los que vienen más a menudo. Llegan con sus bicicletas y traen historias de sus viajes. Son aventureros fantásticos. Uno de ellos, Gianki, es encantador, vuelve cada año después de sus viajes por el mundo. Lo consideramos familia. Lo conocerán esta noche cuando vuelva de donde sea que esté. Marchó con su bici a pedalear por donde solo Dios sabe.

La cocina y el comedor era un salón grande con una ventana junto a la puerta principal. Ese comedor sería nuestro punto de reunión diario. Al subir la escalera, el vestíbulo del segundo piso tenía cinco puertas: las habitaciones y los baños. Dos puertas estaban abiertas para nosotras. La luz entraba a raudales por las ventanas. Las camas vestidas a la perfección con las esquinas dobladas en triángulos. Esto me recordó a mi abuela Chela, que vestía las camas impecablemente en el hotel de sus padres (Isidoro y Bianca) desde los seis años. Pienso que es un arte.

Al volver al comedor, encontramos a madre e hijo negociando los lugares para nuestro rastreo. Visitaríamos a algunas familias con el apellido Rainieri.

—¿Qué posibilidad hay de encontrar primos lejanos? Descendientes de los hermanos de nuestro antepasado.

Nos recomendaron tres lugares para buscar.

Primero, visitamos a la Nonna María, una señora muy chic con una casa antigua llena de elegantísimos muebles de época. Al llegar, nos brindó chocolates y refrescos. Nos contó que su marido, fallecido hacía dieciséis años, había trabajado con una tía llamada Celestina Rainieri. Aunque Isidoro tenía una hermana con ese nombre, las fechas no coincidían. Después de disfrutar de amenas historias, nos despedimos y seguimos nuestro camino.

Segundo, visitamos la casa de un noventagenario llamado Giovanni Rainieri. Este nombre coincidía con el del hermano mayor de Isidoro, ¿podría ser un descendiente, pariente lejano?

Al llegar a su casa, nos enteramos de que este abuelo y patriarca estaba en el campo, trabajando. Lo habían mandado a llamar. Mientras esperábamos, llegaron otros familiares formando una fiesta espontánea. Luego nos llamaron al patio a recibir al señor de menuda estatura, cabello blanco y ojos grandotes quien de inmediato nos abrió los brazos. Al compartir fechas de antepasados nos dimos cuenta que no coincidían. Esto lo decepcionó.

—Entonces, ¿no somos familia? —buscó mi mano con la suya y de su lado Vicky se la tomó también. Su expresión me pareció adorable.

Con picardía le comenté que solo si sumábamos mal, —¿seguro tiene 90? Parece de sesenta—, le guiñé el ojo y él se echó a reír con ganas.

—Son lindas estas primas. Pero, ¿cómo es que no somos familia? ¡Yo quiero que seamos! —Nos abrazó a cada lado.

—Así no funciona. No es por querer, es por genealogía —dijo Vicky riéndose.

—Vamos a hacer de cuenta que somos primos y nos queremos —dije y escuché su carcajada otra vez al mismo tiempo que nos estrechaba. Seguido nos tomamos fotos con él abrazados, «como si fuéramos primos»

—¡Pero si ya las quiero como familia! ¿Esto no cuenta? —Él se reía sin parar con una risa ronca y musical—. No se vayan.

—No queremos irnos tampoco —dijo Vicky—, pero tenemos que seguir buscando primos para que nos digan lo que pasó con la familia.

Desde el carro, les decíamos adiós, y nos alejamos por la carretera.

De repente, antes de cruzar a la carretera principal, un

jeep de alta velocidad se detuvo frente a nosotros con gran polvareda. Bloqueó nuestro paso. Me impresioné por lo abrupto. Parecía como si estuviéramos en problemas. Un par de señores saltaron del jeep. Mis sentidos se pusieron en alerta. En dos zancadas, se acercaron a nuestra ventanilla, uno del lado de Franco y el otro del nuestro. Franco bajó la ventanilla. Y ellos:

—¿Son familia de Carlo Rainieri? —Sus preguntas parecían una orden.

—No, de Isidoro y de Stefano —repuso Franco. Ya se lo sabía de memoria.

Pararon en seco. Se miraron decepcionados.

—¡Ah, qué lástima! Carlo es nuestro antepasado. Emigró a Argentina.

Aparentemente, se había corrido el rumor de que dos chicas lindas (eso lo puse yo) buscaban descendientes para establecer conexión con sus antepasados. Una década atrás, unos descendientes argentinos de ese Carlo habían visitado San Secondo en busca de parientes. Pero no lograron encontrar. Decepcionados, partieron sin dejar rastro. Cuando finalmente los parientes aparecieron, ya los argentinos se habían ido.

Les deseamos suerte para la próxima y regresamos a Casa Adriana.

El tercer lugar y último recurso era revisar en los archivos de la iglesia de San Secondo. Confiábamos en encontrar certificados de nacimiento, matrimonio y defunción, que nos aportaran pistas.

El teléfono de Casa Adriana sonó en cuanto llegamos. El

párroco había dicho que la iglesia estaba cerrada, pero a insistencia de Franco, comunicó que solo una persona podia ayudarnos.

No lo sabíamos de antemano, pero esa persona resultó ser un verdadero tesoro. Él sería el instrumento para descubrir las vidas secretas de nuestros antepasados italianos.

# 5
# CESARE

«Vayan a la Iglesia de San Secondo» era el mensaje del párroco a Franco. «Mandaré al enviado».

El «enviado» ha sido uno de los regalos más valiosos de nuestra genealogía. Este historiador y héroe inédito (hasta ahora) apareció frente a nosotros como un mosquetero al rescate.

Fue justo cuando llegamos a la iglesia que vimos a un hombre delgado aproximándose en una bicicleta tan veloz que casi volaba.

Lo vimos saltar unos peldaños, realizar una pirueta con una pierna al aire y dejar la bici perfectamente estacionada debajo de la escalera de afuera. Fue como si hubiera saltado de su caballo y caído frente a nosotros en un perfecto diez. Se presentó con una inclinación de cabeza. Un sombrero de plumas habría sido el remate perfecto. Pues con su elegante atuendo y su barba, daba la impresión de que estuviéramos frente a un moderno D'Artagnan.

—Soy Cesare, el historiador de San Secondo y custodio de los archivos.

Y así inició una amistad invaluable con un investigador incansable y talentoso.

Me presenté sin inventar palabras en italiano ni términos médicos atribuidos. Le dije:

—Soy Graciela, la genealogista de la familia, y esta es mi hermana Victoria, «Vicky» para aquellos que lo merecen.

Desde ahí, fue nuestro líder del equipo que ahora formábamos. Lo seguimos al segundo piso, a la sala de archivos. ¡Este sí que tenía un llavero mágico de mil llaves! Abrió la puerta y nos cedió el paso. De pronto, del otro lado del umbral, había otro mundo, un salón de una época pasada.

Se reveló un espacio atestado de libros antiguos esperándonos. Entré con cuidado para no despertar al tiempo que se había congelado como en el reloj de cuco de la esquina. La luz de las ventanas se filtraba y podíamos ver el polvo en piruetas cayendo lentamente sobre la robusta mesa de madera en el centro.

Viendo la pila de libros de registros, pensé, ¡cuántos tesoros genealógicos escondidos! Ademas, había portarretratos, utensilios de madera, y folios antiquísimos. Historias que no habían visto ojos extraños se ocultaban entre sus páginas sepias.

Estar allí, en este lugar que guardaba memorias, era uno de mis sueños hecho realidad. Sabía por instinto que los nombres de mis antepasados escritos en caligrafía llenaban páginas cosidas a mano y resguardadas por sus antiquísimas cubiertas.

Al principio Vicky y yo hechizadas no sabíamos dónde fijar la vista primero. Cesare, con una sonrisa amable, nos enseñó sus tesoros: relicarios, cartas firmadas por el dueño del castillo, imágenes de santos que colgaban en la pared y un mapa antiguo de San Secondo, y respondía a nuestras preguntas con bondad y candidez.

Me acerqué al que parecía un croquis de la iglesia—: ¿Y esto?

—Son los nombres de las personas enterradas en la iglesia de hace 300 años, —respondió él.

—Oh! Aquí veo un Rosso Rainieri. ¿Tendrá alguna relación con nuestra familia? —mi corazón saltaba de la alegría pensando que este era un gran descubrimiento mientras le explicaba que mi tío Fernando era apodado «Colorao», que en italiano significa «rosso».

—Rosso proviene de Rossi, el apellido de la familia fundadora de San Secondo, así que no hay conexión, —explicó más seguro de si mismo de lo que yo quisiera. Por bromear, hice que dudaba y se lo hice saber. A partir de aquí cada vez que veía mi apellido lo atribuía a uno de mis ancestros. Y cuando él decía que no teníamos evidencia, yo le insistía: —Bueno, tampoco hay evidencia de lo contrario.

Sonreí cuando Cesare se apresuró a darme la clase de genealogía:

—La genealogía se demuestra con documentos y en este caso no hay vínculo familiar.

Igual, guardé la información para compartir con mi tío y ya sabía que él respondería con algún comentario chistoso.

Cesare, ajeno a mis pensamientos, escogió un libro de entre los estantes.

—Este es el libro más antiguo del municipio. De cuatrocientos años. Contiene la historia de San Secondo. —Depositó el tomo enorme sobre la mesa y abrió con sumo cuidado.

—¿Qué dice aquí? ¿...y aquí? —Mi curiosidad podía más que yo. Y, Cesare, leyendo entre unas hojas sueltas y otras cansadas, revelaba secretos del pasado.

Luego, sacó del baúl unos pliegos con un sello dorado. Recordé que el peso de la ley se medía en oro, y estos documentos obviamente tenían «todo el peso de la ley».

—Este es un decreto del papa Pío VII... —explicó— se convocaba a la comarca para leerlo en público, mostrando el impresionante sello.

—¿Puedes leerlos? —Le pregunté con admiración. Sabía que sí.

Leyó y yo parafraseo aquí—: A su excelentísimo, honorario e ilustrísimo temerario fulano de tal y de tal y de tal... —Al final la despedida igual de ceremoniosa—. Al ilustre, ...ísimo del ...ísimo de tal y tal.... Se despide con toda la humildad del mundo su más leal servidor. Y termina con la firma: «Juan».

—¿Tantos «ísimos» para firmar simplemente «Juan»? - Admiré el nombre de Juan escrito en la caligrafía más bella.

—Sí, para que suene humilde, —dijo Cesare con una sonrisa—. Son decretos papales.

—¡Y todo esto vino del Vaticano!— Era evidente y mi imaginación voló al viaje de estos documentos, escritos por una mano llena de anillos. Un mensajero lo habría protegido en una funda de cuero. Desafió tormentas, hambre, sed, ladrones y cabalgó levantando nubes de polvo, para entregar el mensaje sellado en oro al sacerdote de San Secondo, quien lo leería al pueblo en la plaza.

—Cesare, ¿y cuál era este mensaje, quizás: «Les damos el permiso para que sean felices y disfruten de la vida»?

—¡Ah, bendita esperanza! —respondió Cesare con risa.

De repente, puso un pesado libro sobre la mesa, abrió sus páginas, y pude ver la letra inicial del apellido de mi familia, «R». Su dedo indice se movía suavemente. —R... R... Rainieri. Aquí está: Stefano Antonio Rainieri. Nacimiento: 1812.

—¡Ah, es el papá de Isidoro! —dije yo emocionada. Iba directo al personaje ancestral que era mi debilidad.

«Clic, clic» hizo la cámara de Vicky.

—Nacimiento hallado. Ahora, su boda.

—Yo sé con quien se casó. Sé el nombre de mi antepasada, —dije yo esperando escuchar el nombre de «Benedetta».

—...con Luigia Seletti, hija de...

Alarmada, salté de mi asiento.

—¡¿Luigia?! ¿Quién es Luigia? ¿Qué hace Stefano casándose con otra persona? Tiene que decir María Benedetta Carrara. —Me incliné sobre la mesa buscando desesperadamente el nombre de mi antepasada pero no estaba. En su lugar, aparecía: «Luigia».

Hasta Franco se acercó intrigado. Juntos, cuatro cabezas y ocho ojos que escudriñaban la página. Y, efectivamente, ahí estaba mi Stefano casado con otra persona.

—¡Oh, no! —Me llevé las manos a la cabeza—. ¿Qué ha pasado aquí?

Vicky consternada, —¿Será otro Stefano?

—Espera —dijo Cesare—. Son las primeras nupcias de Stefano...

—¡¿Cómo?! —dijo Vicky. Yo ya me había quedado muda.

—Esta primera esposa falleció en julio de 1842, tras dos años de matrimonio, —explicó Cesare.

—¿Tuvieron hijos? —Pregunté ya recobrada.

—Sí, —respondió Cesare. Y a mí casi me da otro síncope.

—¡Un hijo que no es de nuestra rama!

Antes de que cundiera el pánico, Cesare anunció:

—El niño murió...

—La vida es un suspiro, —suspiré con cierta tristeza—. En el breve espacio entre estas dos líneas he vivido toda una vida.

—Ese niño se llamaba Luigi Ranieri. Importante notar que el apellido fue registrado sin la primera «i», —observó Cesare.

—Ojalá sea un caso aislado, —dije con preocupación— porque ese apellido es más común que el nuestro.

Me visualicé de anciana, sentada en una mesa, pasando una página tras otra con la letra «R» todas las variaciones de mi apellido. Sacudí la cabeza para desintegrar la imagen. Ahora que escribo esto, me doy cuenta que mis antepasados han guiado esta investigación proveyendo todo lo que he necesitado a mi camino. Decreto que así seguirá siendo.

—Y, con nuestra antepasada, ¿en qué fecha se casó Stefano con Maria Benedetta Carrara? —preguntó Vicky.

—Boda: 1843... un año y pico después, —Cesare se hizo a un lado para que Vicky fotografiara el registro de matrimonio.

—Aquí está ella —me sentí satisfecha repitiendo su nombre—: María Benedetta Carrara.

Mientras apuntaba en mi librito, sonreí cuando escuché a

Franco pedir—: Yo también quiero saber de un ancestro, mi bisabuelo.

—¡La genealogía es contagiosa! Te entró la curiosidad por tus ancestros! —dije yo.

Cesare le hizo unas preguntas de rigor y se puso a buscar. Pronto encontró a Vittorio Dodi. Franco estaba feliz:

—Buscaré su tumba en el cementerio.

—¡Queremos seguir investigando —le insistimos a Cesare — todos los nombres de nuestros ancestros!

# 6
# LOS NOMBRES MÁS QUERIDOS

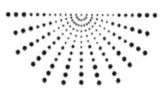

Se ha documentado la presencia de familias de apellido Rainieri radicadas en San Secondo Parmense desde antes del siglo XVI. A continuación quedan documentados para la posteridad.

El documento más antiguo de nuestro linaje genealógico establece el primer nombre, por casualidad, como Isidorus Rainieri. Pero no es el que siempre ando buscando, sino su tatarabuelo. Este se casó con Anna Maria (Apollonia) Chierici.

Su hijo, Pietro Paulus Rainieri (nacido en 1723) casó con Rosa Maddalena Zoppi (nacida en 1724).

Su hijo, Giovanni Antonio Rainieri casó con Rosa Longari, en 1768. Esta pareja tuvo varios gemelos y, como mi abuela materna era melliza, me llama la atención este detalle.

Su hijo, Giuseppe Antonio, casó con Domenica Gonzaga (hija de Antonio Gonzaga). Esta murió en 1842, y el viudo, se casó en segundas nupcias con Paola Sozzi.

Su hijo, Stefano Antonio Rainieri, nació en 1812. Se casó

con María Benedetta Carrara, hija de Luigi Carrara y Anna María Neri.

Los hijos de esta pareja son: Celestina (1846, casada con Adriano Osservati), Domenica (1849), Giovanni (1851), y nuestro querido Isidoro (1857), con el que empezamos esta historia.

\* \* \*

—¿Dónde fueron bautizados los hijos de Stefano? —Pregunté porque quería visitar la iglesia en la que fueron bautizados y prenderle una vela. Sería un ritual de agradecimiento de parte de la familia, los descendientes de este tronco.

—Los hijos mayores fueron bautizados en esta iglesia y, vuestro Isidoro, que es el hijo menor, en la otra.

—¿No fue aquí? —pregunté refiriéndome a la iglesia color sol en cuyas oficinas nos encontrábamos.

—No, en la de Ronchetti —contestó Cesare.

—La que está cerca de mi casa —aclaró Franco.

—¿La que vemos al salir de Casa Adriana al otro lado de la calle? —Vicky se estaba cerciorando.

—¿La iglesia del campanario con el vitral redondo...? —pregunté. No podía creer como estábamos quedándonos tan cerca de la Iglesia donde bautizaron a mi querido Isidoro.

Ambos asintieron. Me levanté de sopetón.

—¡Vamos a verla! —Al ver que todos seguían en su lugar, expliqué—: Esa iglesia es importante para mí. Verla de cerca, tocar sus piedras, prender una vela... ¡Necesito entrar!

—Está vedada. Declarada en ruinas. La vandalizaron. Es un peligro entrar—Dijo Franco.

—Entonces, ¿así como la vieron ellos en su tiempo así la veremos?—señalé el llavero a Cesare—: ¿Seguro qué tienes la llave? ¡Con ese llavero tan lleno de llaves debes tener hasta las llaves del cielo!

—No las tengo. Sugiero que tengan mucho cuidado. No entren sin un casco de ingeniero de protección. El techo se derrumba en cualquier momento. —Cesare cerraba todos los libros y los devolvía al estante. Ya habíamos terminado la pesquisa del día.

—¿No vienes con nosotros, Cesare? —pregunté.

—No, no quiero que me caiga una piedra en la cabeza —lo dijo dramáticamente, pero terminó con una sonrisa.

—Yo tampoco sé quien tiene la llave, pero lo averiguaré, —prometió Franco.

Para cuando llegamos a Casa Adriana, era tarde. Adriana nos informó que había cerrado la cocina.

—Les prestaremos el carro pero, eso sí, tienen que volver para las diez y media —nos advirtió que cerraría con candado a esa hora.

—¡¿Cómo?! ¿Es que hay toque de queda? Son casi las nueve —dijo Vicky— es temprano.

—¿Quién va a manejar? —preguntó Franco.

—Vicky —dije adelantándome. Y cuando Franco me miró como yo soy la mayor, añadí a modo de excusa—: Es que yo no sé hablar italiano.

—No se necesita italiano para manejar... —contestó él y le pasó la llave del auto a Vicky.

—Pero, Franco, el auto no tiene gasolina, digo *benzina*. —argumentó Vicky.

—¡Él va! —dijo Franco ahora despidiéndose de su mamá.

—Y tú, Franco, ¿te vas a pie? —le preguntamos porque no habíamos visto ningún otro carro estacionado.

—Me voy en mi auto propio. Adiós. —Se metió detrás de la casita del garage y, cuando vino a salir, salió en un flamante BMW último modelo de dos asientos. Quedamos boquiabiertas.

—¡Franco! Tremenda carroza. Bien escondidito te lo tenías.

—No es un auto para tres —dijo desde el descapotable mientras pasaba por delante.

—¡Te cambiamos el carro! —le voceamos—. Y... ¿tiene gasolina?

—¿Que si tiene *bencina*, Franco? —repitió Vicky mientras Franco doblaba por la curvita—. ¿Va?

—¡El Va! — Levantó la mano en señal de despedida y desapareció en la carretera.

Al primer intento, nuestra carroza, que no marcaba la *benzina*, no quiso prender. Al tratar otra vez, nos congració con prender y llevarnos a nuestro destino.

La familia del restaurante nos presentó *la pizza sansecondina con spalla cotta* que su padre, que había emigrado de Nápoles, había diseñado en honor a este lugar. Nosotras habíamos viajado a Nápoles, que es famosa por su pizza pero que no habíamos probado una tan deliciosa. Esta pizza era la mejor.

—¡El mejor chef de Nápoles se mudó a San Secondo!
—¡Qué viva la tierra de nuestros antepasados!

# 7
# LA IGLESIA DE RONCHETTI

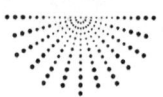

*E*ra mi primera noche en la tierra de mis antepasados. Vicky aún dormía plácidamente mientras yo me había despertado con una misión: correr a la iglesia de Ronchetti, y abrir la puerta de par en par.

Imaginé que, con un gran crujir de bisagras, la pesada puerta se abriría de golpe, como si fuera de plumas. Y que al entrar, la luz me seguiría iluminándolo todo. El pasado y el presente se fundirían en un sublime imaginario, y que yo lo vería todo. Vería a Stefano y María Benedetta con su hijo más pequeño en brazos, al párroco derramando agua bendita sobre su cabecita.

Con ese anhelo febril, me vestí con sigilo. Bajé y salí por el portón al frío de la madrugada. Riendo, eché a correr como si alguien me persiguiera, y por si me oían en la casa, me tapé la boca con la mano. Los primeros rayos del sol proyectaban sombras delante de mí y, pisando mi propia sombra aceleré despavorida por la Vía Ronchetti.

## ITALIA EN MI CORAZÓN

Todavía estaba lejos pero me pareció ver una figura que cruzaba el puentecito de la carretera al parque frontal y hasta pensé: «No voy sola, no soy la única que viene a visitar la iglesia». Lo cual podría ser ventajoso si esa persona tenía la llave. Pero cuando me acerqué más, pestañeando, no vi a nadie del otro lado.

De un salto, crucé el puentecito, entré al patio, y saludé al árbol milenario. El árbol que habían visto a mis ancestros cuando iban a la iglesia los domingos. El árbol que acogía con fuerza a los niños que lo trepaban y saltaban mientras sus padres conversaban. ¿Habrían jugado allí Isidoro y sus hermanos con el antepasado de Franco como amiguitos?

Me detuve frente a la puerta. La percibí imponente y sólida. Con las palmas de mis manos sobre ella, calculé la magnitud de mi hazaña:

—Soy la fuerza de miles, el amor de miles —conjuré mientras empujaba. Mi fuerza ancestral se haría evidente aquí. ¡Abriría las puertas del alma de esta iglesia! ¡Traería el pasado al presente!

Y ¿la puerta?

Muy bien, gracias.

No se movió ni un suspiro.

El candado de la entrada estaba tan oxidado que parecía haberse derretido en una amalgama de colores. Respiré hondo y empujé con todas mis fuerzas para ver si al menos lograba hacerla temblar. Ni siquiera le hice cosquillas.

Decidí dar una vuelta por el perímetro de la iglesia. Encontré otra puerta en un costado del edificio, pero esta tampoco parecía dispuesta a dejar pasar ni un pensamiento.

Me detuve cuando cuando había completado la vuelta. Y

me puse a ver las florecitas que se amontonaban a mis pies. De repente, pensé que unos ojos me observaban y escuché un ruido como de viento rozando unos arbustos.

—¿Hay alguien ahí? —pregunté en voz alta y volteé a ver.

Pero solo unas rosas silvestres me sonrieron desde lejos.

Junté las manos en plegaria y dije en voz alta para que todas las flores me escucharan:

—Gracias, iglesita, por seguir en pie. ¿Sabes que aquí fue bautizado Isidoro?

La iglesia, por supuesto, no me respondió.

—Gracias de antemano, porque algún día entraré. Franco encontrará la llave. Y ese día... no sé, habrá un... tesoro... ¿esperándome...?

Era un deseo pero sentí que el Espíritu de la Iglesia me correspondía con una esperanza: «Un día volverás y abrirás estas puertas. Y verás el divino tesoro que tus ancestros tienen para ti.»

Corrí de vuelta tapándome los ojos del sol que había recibido mi petición de calidez y había exagerado. El misticismo de la mañana se desvaneció y el cariñoso calor, llegó abrasador.

Desde fuera, escuché por la ventana voces que venían del comedor. Franco había traído queso parmesano y embutidos para el desayuno. Me senté al lado de Vicky que conversaba en la mesa con ellos.

El otro huésped estaba sentado junto a Adriana, quien parecía tenerle mucho cariño. Gianki era un ciclista apasionado que se dedicaba a viajar en bici durante los veranos.

Respondía a una pregunta de Vicky sobre sus viajes:

—He viajado por mi propio esfuerzo —Activó su teléfono y mostró un recorrido por Albania y Croacia.

—Pero es un viaje tan largo, —comentó Adriana.

—No se trata de la distancia ni del destino final, sino de la actitud y la mentalidad al viajar. La ruta lo hace todo, —dijo él.

—Lo entiendo: Es el viaje, no el destino —concluyó Vicky—. Me gusta esa idea. ¿Adonde planeas ir la próxima vez?

—Cruzaré Francia y seguiré al norte. Me gusta dormir en las playas. Me tienta hacer un viaje sin llevar nada y ver cómo me las arreglo para sobrevivir, comer y dormir…

Relató que, una noche, se subió a un camión estacionado y lleno de sacos de heno o de algo suave. Se montó y jaló la bicicleta. Nadie se dio cuenta. Su plan era, al despertarse, seguir pedaleando, asumiendo que el conductor esperaría hasta el amanecer para seguir su camino. Pero en medio de la noche, lo asaltó el rugido del motor. El vehículo comenzaba a moverse. Horas más tarde se detuvo. Y se dio cuenta de que estaba en la aldea anterior. ¡Había retrocedido en vez de avanzar! Juntos nos echamos a reír. Fue un desayuno delicioso entre risas.

—No todo el mundo está de acuerdo con esta vida. Pero es lo mejor que he hecho con la mía. Trabajo durante el año y me voy tres meses de vacaciones en mi bicicleta.

Agregó que había terminado con su novia recientemente porque ella no entendía su pasión.

—Debes perseguir ese deseo que se te impone —concedió mi hermana—: No deberíamos tener que darle explicaciones a nadie. No hay que justificarse. Tenemos solo una vida y es incomparable y única. Hay que apoyarse el uno al otro en nuestros sueños. ¡Si es tan difícil encontrar una pasión y un propósito en esta vida! Si lo encontraste, ¡qué disfrutes!

—¡Así es! —Aplaudí.

—¿Tú me apoyas, Victoria? —preguntó Gianki concentrado en ella.

—¡Claro que sí! Hay que dejar al otro libre. Cada uno que haga lo que crea que es mejor para uno mismo. ¿Por qué controlar la vida del otro? Una persona que es naturalmente feliz con lo que hace y que ha encontrado una manera de costearselo, me parece lo máximo.

—¡Me fascina esta mujer y lo que expresa! —dijo Gianki para todos, aunque mirando solo a Vicky.

—Pero ¡es la verdad! —Vicky ahora lo repetía en italiano —. Hay que ser feliz independientemente del otro. Lo ideal es dos personas felices, haciendo cada uno lo que le gusta, y se encuentran sin sacrificarse por el otro…

—Victoria, ¿te casarías conmigo? —Gianki se arrodilló frente a ella. Y todos nos echamos a reír.

—Di que sí, y te casamos en la iglesia de Ronchetti —aplaudí, entusiasmada.

—*Tanti auguri* —Adriana y Franco también aplaudieron y dijeron las enhorabuena en italiano.

—Me siento muy halagada. Gracias. Y… lo voy a pensar —contestó Vicky.

Cuando hubimos terminado el desayuno y antes de irnos a la estación, fuimos a despedirnos de Gianki, que se preparaba también para irse en su bicicleta.

—No se despidan de mí todavía, que yo voy a la estación a despedirlas a ustedes.

## ITALIA EN MI CORAZÓN

—Pero... ¿no quieres venir con nosotras en el carro? —preguntó Vicky.

—... por si nos quedamos sin gasolina, digo sin *benzina*, y así tú ¡nos salvas! —agregué yo.

—¡Él va! —insistió Franco.

Gianki dominaba su bicicleta como si fuera parte de él. La levantaba y volteaba con una mano, y salía disparado como un cohete. A pesar de la distancia, llegó primero y nos esperaba frente a la estación.

La emoción de los últimos días nos provocó un ataque de risa. ¡Habíamos hecho amigos, presenciado una propuesta de matrimonio y descubierto la iglesia donde bautizaron a Isidoro!

...y cuando vinimos a ver, nos metimos en el elevador equivocado.

Antes de que las puertas se cerraran, Gianki irrumpió con su bicicleta como un rayo para informarnos que íbamos mal. La bicicleta, levantada sobre una rueda, parecía un pasajero más. Esto nos hizo estallar de la risa mientras él nos miraba preocupado:

—Yo no sé, chicas, eso es cosa de ustedes, pero no creo que este sea momento de reírse. ¡Van a perder el tren!

...y más risa nos dio.

Con su ayuda llegamos a la puerta de embarque correcta y vimos que Franco, preocupado, nos esperaba allí. Decidió asegurarse de que tomáramos el tren adecuado. Nos despedimos otra vez.

Ya en el tren, Vicky y yo sacamos unas servilletas blancas y las agitamos en señal de adiós, —*Ciao, tutti. Ciao.*

# 8
# VIAJE CON STEFANO

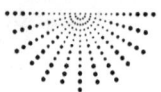

*Y*a me había separado de mi hermana pues ella seguía a Roma y yo debía volver a Estados Unidos cuando Cesare me puso un mensaje por texto.

«Descubrí documentos de que Stefano emigró primero».

Me asombré: «Así que, de mis ancestros, Stefano fue el primer osado que se aventuró a lo desconocido.»

Estaba retrasadísima y necesitaba tomar un taxi para llegar al aeropuerto en tiempo record. Así de la nada me salió pedirle algo a este antepasado viajero. «Querido ancestro, el intrépido Stefano, ¡búscame la manera de llegar a tiempo al aeropuerto!»

Pero cuando salí de la estación en Bolonia la fila de taxis era larguísima. «¡Necesito ayuda! ¿Para qué existen los ancestros si no es para ayudarme?».

La oportunidad se presentó cuando noté el batiburrillo de

## ITALIA EN MI CORAZÓN

bocinas sobre una pasajera que salía apresurada de un taxi en medio de la avenida.

Misión inmediata: Tomar ese taxi ¡ya!

La muchacha se escurrió entre los vehículos hacia mí, mientras yo corría hacia su taxi. Lo asalté con maleta y todo.

—Al aeropuerto, por favor, y *grazie mile!*

Los otros conductores tocando bocina le gritaban a mi taxista que había cometido una infracción al tomarme a mí como clienta. Ni el ni yo habíamos hecho las filas de rigor.

—*¡Boh!* No te metas en lo que no te importa —respondía mi taxist.

—*Normale!* —grité, persignándome. Estaba tan asustada como divertida con aquel drama a lo James Bond.

Por si acaso se debía a mi ancestro Stefano, se lo hice saber en mi mente. «No sé si fuiste tú o qué, pero si esta manera de conseguir una taxi disponible... ¡Lo acepto!».

Al taxista le rogué—: Debo llegar en quince minutos, *per favore.*

El taxista contestó—: ¿Cómo quiere llegar en quince minutos si el aeropuerto queda a media hora?

Igual, el taxista pisó el acelerador en cuanto la luz se puso en verde y la maleta y yo quedamos pegados del espaldar.

—Que yo esté sentada en este taxi era ya un milagro. ¿Habrá probabilidad de otro? —pregunté. El taxista trató de entenderme, pero cerré la boca cuando vi todas las luces del camino ponerse verdes.

No sé cómo lo hizo, pero: ¡llegamos!

—¡Qué suerte! —dijo el taxista deteniéndose lo más cerca de la entrada para pasajeros—. ¡Todas las luces en verde y todo el mundo rápido! Nunca me había pasado esto.

—¡Gracias, Stefano!

—Mi nombre es Mauro...

—¿Qué? —pregunté atolondrada mientras le pasaba el pago.

—¡Mi nombre es Mauro, no Stefano!

—Stefano es mi antepasado, y *grazie!*

—Su... ¡¿qué?! —Le oí decir mientras cerraba la puerta y echaba a correr con mis bultos.

Logré ponerme en la fila para el control de seguridad y estaba de lo más inocente cuando un café me guiñó el ojo desde la barra. Envalentonada por haber llegado a tiempo, me salí de la línea, —Si Stefano conmigo, ¿quién contra mí? *Un machiatto, per favore.*

Al volver a la fila no recordaba cerca de cuales españoles había estado en la fila. Me di cuenta que la guardia de la puerta discutía con alguien que también había querido meterse en la fila. De pronto uno de los españoles me hizo señas como si andara con ellos.—Por aquí, señora.

Le perdoné lo de «señora» y los seguí hecha la muy española. Tan amables fueron que me pasaron el boleto por la máquina y hasta me levantaron la maleta para los rayos X.

De camino a la puerta del avión, hablaba seriamente con Stefano en mi mente. «Bueno, la verdad, *Stefanito*: me has dejado muy impresionada. ¡Ya yo me creo mágica! Dime, mi querido *antepasadito*, ¿qué vas a hacer ahora por mí? ¿Qué tal si me sientas en la ventana? No porque sea el asiento preferido sino... ¡por joder!».

Revisando mi boleto me di cuenta que era efectivamente la ventanilla, pero lo encontré ocupado por una muchacha flaca de pelo negro. Me había quitado «mi» asiento.

—Disculpe, se puede quedar ahí si lo prefiere, pero ese es mi asiento. Tengo el 19F —le enseñé mi boleto desde el pasillo.

Era un asiento de tres, y el señor de la esquina se parecía a Jesucristo, con barba y camisa blanca. Se puso de pie para dejarme pasar y que pudiera sentarme.

Con su acento francés, la señorita me replicó:

—No me he equivocado. Este es *mi* asiento.

—No hay problema —le contesté—. Se puede quedar ahí.

—¡No! —dijo ella con energía. Se levantó y se cambió al asiento de en medio antes de pasar yo.

Al verla de mal humor, quise disculparme e insistir que se quedara ahí. Pero el Jesucristo, digo el hombre de la barba, ojos nobles y cejas peludas, murmuró un «déjalo así, déjalo asiii», levantando su manita en señal de calma.

Y yo, asumiendo mi papel de Ghandi, y por la paz y me senté en el asiento, pensando: «Ya, sí, Stefano, ya me impresionaste. ¡Estoy sentada en la misma fila que Jesucristo! Lo que me da pena es la que está de mal humor. ¿Les puedes pedir a sus ancestros que la calme? Porque este experimento de pedir a los ancestros me está resultando de lo más bien».

Ya en el aire, la chica se levantó. Pensé que iba al baño, pero sacó su billete. ¡Horror! Su asiento era... ¡el mismo que el mío!

—¿Cómo así? ¡Yo también tengo el 19F!

Al mirarlo de cerca, vi que mi «F» era una «E» mal impresa. Le faltaba el último trazo horizontal. ¡Yo era la que estaba mal!

—¡Ay, discúlpeme! ¡Qué vergüenza! —me levanté abochornada.

—No se levante. ¡Quédese ahí! —contestó ella arremetiendo con el látigo de la benevolencia, repitiendo mis palabras.

Pero yo no podía. Antes de que se volviera a sentar ella, me moví rápido y quedé sentada al lado de Jesucristo. Él levantó la manita otra vez, murmurando «déjalo así, déjalo asíiii».

Entonces en mi mente dirigí mi enojo al verdadero culpable: «Stefano, ¡qué vergüenza me has hecho pasar!». Fue un escarmiento que no me va a volver a pasar.

Después de esto, nunca más le voy a pedir otro favor a ninguno de mis ancestros.

¡Y mucho menos a Stefano!

## 9
## CAMBIARÁ LA HISTORIA

Durante el año siguiente, Cesare continuó investigando y un día me escribió con un mensaje tan escueto como críptico: «He encontrado un documento sobre Stefano que cambiará tu historia. Debes venir a verlo».

¿Qué podría cambiar la historia familiar?

Ese verano del 2015, mis hermanas y yo llegamos a San Secondo Parmense a investigar.

Antes de seguir, permítanme presentarles a mis hermanas: Cristina es la mayor y la más alegre de todas. Le encanta disfrutar de la buena vida, la buena comida, el vino y los amores pasionales. Tiene los ojos verdes como mi madre, aunque un tono más olivo. De nuestra mades también heredó sus manos inteligentes.

Adelaida, de apodo Laila, es la que lleva la justicia y la templanza en la sangre. Disfruta tanto del trabajo duro como del placer. Tiene una risa fácil, más bien se ríe a las carcajadas a cada rato, y tiene una profunda gratitud por las cosas simples y un amor constante por todas sus hermanas. En su vida diaria se dedica a ayudar a los demás, trabajando en el ámbito de la filantropía.

Gina, cuyo nombre real es Georgina, como mi abuela paterna, es la más pequeña en tamaño de la familia, pero la de la sonrisa más linda y radiante. Es leal, confiable, fuerte y tierna a la vez. Ella fue la que organizó el viaje y se aseguró de que todas estuviéramos bien en cada momento. Es el eje de las hermanas Thomen.

Victoria, ya la he descrito al principio del libro. Ella fue la mente maestra del proyecto de la ciudadanía italiana. Es una persona incomparable, creativa y dinámica.

En este nuestro primer día juntas bajo el sol de San Secondo, Cesare tenía muy clara nuestra primera misión:

—Invadir la *gelateria Fiordigelato*. —La filosofía de Cesare es que como dijo él—, ...uno no puede investigar a los antepasados italianos un verano si no hay en una mano un arma contra el calor.

—¡A su orden! —dijo Gina.

—Bueno, si esto es lo que toca, —dijo Laila por relajar.

—*Un gelato, per favore, di pistacchio* —pidió Victoria, la sibarita del grupo

—*Zuppa Inglese*, dos por favor, —pidió Cristina– una para mí y otra para el jefe..

Simulando un bouquet de flores multicolor, nos entregaron unos conos con helados esculpidos como rosas de tres pétalos.

—¡Primer hallazgo! —exclamó Cristina— ¡No fue culpa del gelato que los antepasados se marcharon de Italia!

Mientras caminábamos por la calle principal, le estaba

dando un breve resumen: —Cesare nos llevará al castillo, a los registros de tierras de 500 años. Si una familia deseaba reubicarse, tenía que estar libre de deudas.

Íbamos de lo más bien hacia el castillo cuando noté el logo de un caballo en la puerta de una tienda.

—¡Qué logo más bonito! ¿Es una tienda ecuestre? Una tienda galante para caballeros medievales. —Inmediatamente en mi imaginación, convertí a mis antepasados en caballeros de brillante armadura con el sonido de sus cascos resonando por las estrechas calles.

—¿Esa? Es la tienda donde venden... —Lo dijo en italiano y no entendí que en realidad decía «carne de caballo». Pero mi cerebro no lo aceptó. «No, señor! ¿Carne de caballo? Imposible»—. Es una tienda de corceles. ¡Así de fácil! ¡Voy a comprar uno! Cabalgaré como un quijote por todo San Secondo Parmense.

—...un platillo delicioso —terminó diciendo, sin anestesia.

Adelaida y yo nos miramos con completo horror.

—¿...venden caballos? Para..., para... ¿qué? —le insistí.

—Comer, —aclaró sinceramente.

Yo casi me desmayo y él seguía tan campante.

—Espera, Cesare. Alto ahí que... ¡comenzamos mal!

—Pero si comenzamos bien... con el *gelato*, —contestó Cesare y se detuvo a vernos. Por la expresión de su cara pude comprender que no entendía nuestro aspaviento. Y yo sin saber cómo abordar la situación.

Finalmente Cristina preguntó sin rodeos:

—Cesare ¿ahí venden carne de caballo para comer?

—Sí. Es una gran *degustazione* porque en la segunda guerra mundial...

Y yo: –¡Nooo! Este no es momento de historia. ¡Tú no comes eso!

–Hoy no. Pero cuando tengo la oportunidad, es mi favorito. Se come crudo y lo pican bien finito porque es una carne dura y con muchas especies, lo ponen a fermentar...

–...yo *tampoco* quería la receta *tampoco*...

Cristina tomó la palabra:

–Cesare, escucha, por favor. Yo monto a caballo. Vicky monta a caballo. —Señaló a Vicky que en la bicicleta de Cesare levantó la mano en reconocimiento. Usó mi apodo cuando se refirió a mí— Lache y Gina montan a caballo...

–*e io mangio* —contestó. Traducción: «y yo me los como».

–Son criaturas *nobiles*. —dijo Cristina.

–Lo sé —suspiró.

–Son criaturas de Dios. —pensé que con esta le haría recapacitar a sus papilas gustativas. Pero no.

Con una tranquilidad inmutable, contestó:–Y... delicioso.

Había que arreglar esto pero, ¡qué difícil con el travieso de Cesare! En cierta ocasión Cristina le puso en su muro de Facebook la foto de un caballo precioso de paso fino y él le respondió con la foto de un pedazo de bistec.

Lo único que puedo decir es que ningún caballo resultó herido en la escritura de este libro.

Gina y Victoria llegaron primero al castillo.

–¡El castillo está cerrado! —anunciaron.

—¿Cerrado? —preguntó Cesare sonriendo.

–¿Quién tiene la llave? —preguntó Cristina.

–Yo tengo la llave —dijo Cesare, e hizo tintinear todas sus llaves.

## ITALIA EN MI CORAZÓN

—¡Pareces a San Pedro! —dijo Laila— con las llaves del cielo.

—Espero que cuando llegue al cielo, me abras la puerta por favor. —dijo Gina.

—No sé allá, pero aquí te permito la entrada al castillo Rocca dei Rossi.

Entramos primero a un patio de grama cuadrada y luego a una sala de doble chimenea donde el libro monumental descansaba sobre una mesa. Abierto en la página precisa, revelaba la contabilidad del año 1857, ¡el año del nacimiento de Isidoro!

Me preocupé: –¿Era Isidoro todavía un bebé cuando partieron?

Cris preguntó: —¿Adonde fue la familia? ¿Salieron de Italia?

Adelaida leyó con cuidado. –Aquí parece decir Guastalla.

Gina lo simplificó: —Conclusión, el destino no está claro.

Adelaida añadió: —Isidoro nació en julio, y en noviembre, ya había otra familia viviendo en su morada.

Cris lo dijo: —La familia partió después de su bautizo.

Y ahí es exactamente donde mi imaginación me llevó. Al día después de su bautizo. A una casa frente a la iglesia. A una carreta que dos niñas, vestidas con colores pastel y sombreros de tela, subían con cuidado. Se acomodaban entre las cajas apiladas, fruto de un arduo trabajo y sueños guardados.

Al más pequeño lo bautizaron como Isidoro Angelo Rainieri. Crecía fuerte y esta semana había aprendido a sonreír. Envuelto en paños blancos, su mamá lo colocó en brazos de su hermana mayor, Domenica, que lo llenaba de besitos por cada gorjeo.

Un caballo viejo se guiaba por la carreta de un camino incierto. La familia se alejaba de las praderas planas de pobreza y la decepción de un pueblo colmado de amores muertos. Las figuras se iban difuminando en el horizonte. La pregunta era inevitable: ¿hacia dónde se dirigían? ¿Dónde terminaría su viaje? ¿Dónde se criaría Isidoro?

Ahora, gracias a Cesare, estábamos a punto de descubrirlo.

## 10
## FIESTA DE DESCENDIENTES

Cesare lo sabía porque previo a todo esto le pasé la información que me había dado un usuario de *Geneanet*, uien tenía una antepasada parecía ser la hermana mayor de Isidoro. Le escribí: «Sospecho que su antepasada Domenica y mi antepasado Isidoro eran hermanos.».

Ella contestó: «El apellido de mi antepasada es Ranieri y no Rainieri. No es el mismo. Pero le daré la información. Se casó en San Sisto de Poviglio, 1873».

Inmediatamente le pasé el dato a Cesare, quien se desplazó a ese pueblo vecino a investigar. ¡Encontró la respuesta!

Primero, encontró el acta de matrimonio de Domenica Rainieri (le puse la «i» pues sin ella era un error) donde instaba a su padre como Stefano Rainieri y su madre María Carrara. Isidoro, junto a su hermano, es mencionado como testigo de la boda.

Segundo, encontró el censo de 1875 de la *parrocchia di San*

*Sisto*. Otra vez, aparecen listados Isidoro y su hermano Giovanni. Tercero y el más importante, el acta de defunción de Stefano, 1878. El documento indicaba que Isidoro, con 21 años, aún residía en Parma.

—Esto comprueba que Isidoro permaneció en Italia hasta llegar a la adultez —dije yo, emocionada. Estábamos felices con estos hallazgos. ¡Era hora de celebrarlos! Decidimos hacer una fiesta.

—He invitado a la descendiente de Domenica. Ella vive en Parma y llega mañana. —Anuncié— La reunión será en *Nuova Pattiseria Lady*, con delicias en meriendas y bocadillos *gourmet*.

Por todo el pueblo se regó la noticia de que una descendiente de Domenica venía a conocer a las de Isidoro.

Cesare trajo a su séquito de sobrinos Nicoló y Alessandro y a su preferida *nipotina* Gabriella que también llegó con su mamá.

En una esquina vi a un hombre de brazos laaaargos leyendo un periódico. «Yo he visto esos brazos largos antes», me dije.

—Franco —le llamé a los brazos—. ¿Qué haces aquí? ¿No era que tenías que trabajar esta tarde?

—Sí, pero vine a conocer a la famosa descendiente de Domenica —contestó subiendo el periódico otra vez. Su esposa Teresa a su lado, me saludó sonriendo.

Yo veía persona tras persona entrar y sentarse, pero la descendiente nada de llegar. Los que llegaban preguntaban a los otros y todos pensaban que la conocían y se pasaban la información pero al final nadie sabia quien era.

De repente apareció en la puerta una joven de gran sonrisa y pelo lacio negro: era Sara, la descendiente de Domenica. Yo me levanté. Se acercó a mí y me tomó de las manos. La simpatía instantánea fue mutua.

Le mostré el libro genealógico, fotos de mis primos y le conté la historia de Isidoro y Bianca, una pareja de italianos que emigraron a Puerto Plata. Él proveniente de San Secondo Parmense y ella de Bologna. Él se había ido, pero ella se quedó convirtiéndosela en un ícono de la ciudad. Le conté que le llamaban Doña Blanca, y que hasta le tienen una estatua en su honor.

—¡Es una película! —exclamó con ojos brillantes de la emoción—Ya me la imagino en pantalla. Me siento honrada de que hayas compartido estas historias de familia conmigo y halagada que me hayas llamado para conocernos. Una historia tan bonita, contada con tanto amor...

—No todo el mundo entiende mi obsesión...

—No es obsesión, es pasión. Igual yo, con la fotografía. Parece un hobby. Pero he gastado tiempo y dinero. He viajado a lugares lejanos, pasando mal tiempo e incomodidad, solo para tener la satisfacción de capturar un amanecer en una montaña épica. Solo los que saben de eso, comprenden cómo me hace feliz. Te entiendo más de lo que te imaginas.

Cuando ya casi todos se habían retirado y yo estaba recogiendo mis libros y despidiéndonos, le comenté a Cesare:

—La genealogía es un regalo para aquel que la ama. Retribuye el esfuerzo de una manera inesperada y maravillosa. Oh, los viajes que he hecho y las personas que he conocido...

—Los genealogistas somos viajeros del tiempo, —dijo

Cesare y luego me preguntó— Pero tu lo sabes todo de Isidoro, ¿qué más te falta por saber?
—Cierto. Ahora quiero conocer la historia de Bianca.

# PARTE 2
## RAÍCES ITALIANAS CON BRISAS DOMINICANAS

## 11
## TÍO FERNANDO EN ROMA

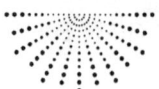

Tío Fernando y tía Pilar estaban en Roma. ¡Habíamos coincidido en Italia! Al enterarnos, acordamos cenar juntos. Pero al llamar para acordar hora, tía Pilar nos dijo que él se sentía mal. ¿Qué le aquejaba a tío Fernando?

—Es por su *tour* gastronómico —nos dijo tía Pilar de buen humor—. Decidió quedarse tranquilo sin salir a ninguna parte. ¡Al fin se queda quieto!

La risa de tío Fernando sonó del otro lado del auricular. Seguidamente, escuchamos su voz:

—Cuéntenme de ustedes... ¿Van a ir a conocer la casa de abuela? ¡Ahí también nació mi papá! —Su papá era nuestro tío abuelo Queco—. La casa es pequeña, aunque tiene dos pisos. Queda a quince minutos de Bologna. ¿Fueron el año pasado, verdad? ¿Van a ir otra vez?

—Tío, el año pasado estábamos solo Vicky y yo y nos pasó un pequeño percance que ahora suena chistoso.

—Oye a Lache que dice «chistoso», —saltó Vicky llamándome por mi apodo y me jaló el teléfono porque quería explicar bien, pero yo no lo solté, así que las dos comenzamos a contar el cuento alternando.

—Espera tío, es que fuimos en un autobús de Bologna a Castello. La verdad es que Bologna si es que es bonita con esos balcones y los pórticos antiguos. Tío, ¿tú crees que Isidoro y Bianca caminaban bajo esos pórticos antes de irse...?

Ya iba yo a comenzar a soñar con mis antepasados, cuando Vicky tomó la palabra:

—Yo le dije a Lache: «Estate atenta, que son cuatro paradas y la quinta es *Castello d'Argile*». Estate atenta para tocar la campana y que el autobús se detenga.

—Es que Vicky me tenía los nervios de punta disque: «ahí está Castello d'Argile. ¡Ahí, ahí está! ¡Rápido! ¡Toca la campana! Ah, que lenta, ya nos pasamos». Tío, espérate que ¡te vas a reír más! Pues me levanté de un salto y corriendo fui a decirle al chofer del autobús: «¡Deténgaseeee que ahí vivió mi antepasada!» Y cuando el autobús se detuvo en la luz roja, le dije: «¡abra la puerta por favor que no nos meta en la autopista!». Y todo el autobús se desternillaba de la risa. Y el chófer, malhumorado, me dijo: «No voy a abrir la puerta. Estamos ante un semáforo con luz roja justo antes de entrar a la *autoestrata, signora*». Yo, de fresca, le repliqué: «Ah, pero qué inteligente, ¿nos va a dejar tiradas en la *autostrata*?». Y, efectivamente, ¡nos dejó tiradas en la *autostrata*!

Tío Fernando seguro estaba doblado de la risa porque sonaba ese silbido propio de las que le dejan a uno con falta de aire. Tía Pilar exclamó:

—¡Oh, cielos! ¿Qué pasó después?

Vicky siguió el cuento:

—Yo le dije a Lache: «Vamos, crucemos la *autostrata*, que allí parece que hay un bar y nos pueden prestar el teléfono». El mío se había quedado sin batería.

—La *autostrata* era de cuatro vías y los carros iban como de carrera. Rapidísimo. Nos tiramos corriendo, despavoridas, y los bocinazos. Llegamos ilesas, eso sí, *¡porque 'tamo aquí!* Pero, era un bar un tanto decadente, la pintura de las paredes descascarada. Entonces, dos mujeres salieron a vernos. Estaban fumando y... eran bien simpáticas y trataron de entendernos y se llevaban las manos en la cabeza muertas de la risa cuando les explicamos cómo habíamos cruzado la autopista.

—Nos prestaron un teléfono y llamamos al contacto que nos diste, tío Fernando, —dijo Vicky— ¿cómo era que se llamaba? Ni me acuerdo.

—Mira, tío, ese señor vino disque a rescatarnos. Pero cuando se presentó, no podía creer lo que veía: entre el bar de mala muerte y nosotras muy bien sentadas en mecedoras con las mujeres riéndonos y haciendo cuentos.

Vicky: —El señor boquiabierto nos preguntaba qué cómo habíamos llegado hasta allí. Y miraba alrededor buscando nuestro carro. Cuando le contestamos que habíamos llegado en autobús, no se lo creyó. Decía: «¡Qué extraño! No entiendo. ¿Cómo llegaron ustedes aquí?».

Yo: —Y él repetía, como en una letanía: «¡No entiendo. ¿Cómo llegaron?» Así que le pregunté: «¿Qué se esperaba usted? Y respondió: «Sus parientes, Frank y Fernando, vinieron en Ferrari. ¡¿Cómo es que ustedes andan en autobús?! ¡¿Ustedes no son Rainieri??!!».

## ITALIA EN MI CORAZÓN

¡Plop! Ahora éramos nosotras tiradas en el piso de la risa y las carcajadas de tío Fernando y de tía pilar en el teléfono. Cuando pudo, tío Fernando nos aclaró:

—No fui yo. Eran Frank y Oscar Imbert que fueron a visitar la casa de abuela... ¡Gracias a Dios que el dueño no apareció! Porque, si no, ¿qué se hubiera hecho con una casa...? Porque si fuera una casa pero es una casita.

—Y, ¿para qué quería comprarla? —preguntamos las dos.

—Fue un arrebato del romanticismo de Frank. ¡Así es él!

—Y, ¿cuándo pasó eso? —pregunté yo siempre buscando anécdotas de historia para escribirlas.

—En el 2008. Frank se alquiló un Ferrari y quiso llegar así al pueblo de la abuela. Pregúntale a él cuando lo veas en la reunión familiar. Ah, ¡qué pena que no nos veamos para cenar hoy! Porque cuentos si que hay, pero será cuando nos veamos en la reunión en un mes.

Antes de colgar el teléfono, me invadió una duda sobre Isidoro y su ciudadanía. No sabía cómo formular la pregunta de forma precisa, así que la lancé como vino.

—Tío Fernando, ¿tú sabes si Isidoro alguna vez tomó la nacionalidad de otro país?

La respuesta de mi tío fue contundente.

—¿Mi abuelo? ¡Imposible! ¡Nunca! ¿No te acuerdas? Ya lo habíamos hablado antes. De lo orgulloso que estaba de pertenecer al norte de Italia. Es porque él creció cuando el país aún no estaba unificado. Créeme: vivió y murió diciendo que era italiano. Y lo orgulloso que estaba de traer productos italianos a su restaurante. Además, el negocio estaba en Puerto Plata, pero su casa estaba en Italia. Eso él lo tenía claro.

Eso me alivió y le di las gracias por recordármelo, pero él quería que yo lo tuviera claro y añadió:

—Acuérdate que lo hemos visto (en los manifiestos de barcos) en sus entradas a Nueva York y que, cuando le tocaba declarar, subrayaba «North Italy». Era italiano de pura cepa. ¡Y ustedes son italianas también! No necesitan un documento que lo diga.

Esto me hizo sonreír y quise contarle más de nuestro viaje:

—Las cinco hermanas vamos a conocer Castello d'Argile. ¡Esta vez no es en *guagua* que vamos!

—Recuerden que Bologna es la cuna de la familia Rainieri porque de ahí viene mi abuela y ella era la matriarca de la familia. Ella no la tuvo fácil de niña. Y, luego, cuando se quedó sola en Puerto Plata, levantó a la familia con su esfuerzo y tesón. Pónganse en su lugar: extranjera, dueña de negocios de hotel y restaurante, y sus hijos pequeños y divididos en dos continentes... Bueno, pero ya ustedes lo saben. Si encuentran algo nuevo me lo dicen de una vez. Por ahora, diviértanse y traigan sus historias a la reunión familiar para compartirlas con todos.

—¡Prometido! Ahí estaremos las hermanas Thomen Ginebra contando sobre este *tour* genealógico, —dije yo emocionada.

—Además, conoceremos a alguien muy especial. Es la famosa historiadora de Castello d'Argile, Magda Barbieri. Una historiadora famosa de verdad viviendo en el pueblo de nuestra antepasada. —agregó Vicky.

La conversación con mi tío Fernando me dejó una sensación de tranquilidad y emoción.

## 12
## CASTELLO D'ARGILE

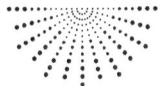

Meses previo a este viaje, Gina tuvo la brillante idea de contactar una compañía especializada en visitas genealógicas. Así planificó cada detalle: hoteles, vehículo, almuerzo. Mientras manejaba, nos ponía al día.

—La compañía contactó a una famosa historiadora: Magda Barbieri. Escritora talentosa y cronista de Castello d'Argile. Nos espera una gran sorpresa porque ha investigado a Bianca desde en 1875. Hoy conoceremos nuestro linaje femenino.

Llegamos a la casa de Magda Barbieri, una villa con jardín frontal de pasto verde y bordeada de flores. Un caminito de piedra nos condujo hasta la puerta principal.

Nos abrió la adorable escritora e historiadora con su cálida sonrisa. Su pelo corto y rizado era una corona de algodón. Detrás de grandes lentes redondos, sus ojos brillaban con una inteligencia vivaz.

—¡Bienvenidas! —Nos invitó a entrar. Parecía tener una luz propia que la acompañaba por donde caminara. Un aura de puro calor humano.

La casa de Magda era un refugio de calma y sabiduría. Su estudio era un espacio cálido y luminoso donde el tiempo parecía detenerse. Los rayos del sol bañaban los antiguos libreros de caoba, rebosantes de volúmenes encuadernados en cuero, que exhalaban un aroma a papel envejecido y tinta. En el centro de la habitación, una amplia mesa sostenía los documentos de su investigación a nuestra antepasada.

—Ha sido fascinante para mí saber que una hija de este pueblo haya llegado a Puerto Plata. Y que sus descendientes han retornado para recobrar las riquezas de la historia familiar. ¡Bravo!

Yo quise que ella supiera: —Esta hija de este pueblo le decían «Doña Blanca» en Puerto Plata.

—Doña Blanca, —repitió ella— ¿El hotel sigue en pie?

—No —respondió Cristina— esa vivienda se quemó mucho después. Un nieto de ella, llamado Frank, emprendió un negocio de hotel, pero no allí sino en Punta Cana.

Adelaida levantó el acta de nacimiento de nuestra bisabuela: —Según dice aquí su madre aparece como «tejedora» ¿Qué tejía su mamá?

—Las mujeres confeccionaban sábanas y vestidos, hilando en sus telares domésticos. Pero como el cáñamo era es tan fuerte con él se hacían cuerdas y sogas.

—El pueblo se llama Castello, pero no hay castillo —dijo Cristina a modo de pregunta.

—Es porque Castello d'Argile fue construido en 1380 al estilo de un campamento romano.

## ITALIA EN MI CORAZÓN

Gina se acercó con un árbol genealógico del padre de Bianca.

—En este árbol genealógico veo otros niños. Según nuestra historia Bianca no tuvo hermanos.

—Su padre se casó con Anna Bottazzi a los tres meses de enviudar y estos son los hermanastros.

—¡Se casó a solo tres meses! —exclamó Gina.

—¡¿Pero Bianca era una bebé de dos semanas?! —dijo Cris.

—En el censo no se menciona a la niña viviendo con ellos —contestó Magda.

Cristina me miró desde el otro lado de la mesa llena de papeles. Me dijo lo que yo estaba pensando: —Alguien debe haberla recogido de los brazos de su madre muerta. ¿Quién la salvó?

—Aquí es donde la historia familiar falla, porque no se nos dijo que en su primer añito, ¡su papá ya tenía otra familia! — Me enfadó la gente del pueblo de hace 200 años a quienes acusé en mi mente de dejar a mi antepasada desamparada.

Magda respondió: —Era un pueblo pequeño donde todos se trataban como familiares— Luego, levantó otro documento y siguió: —Entonces, cuando la niña Bianca tenía once años, su papá falleció.

— ¡¿Otra vez?! —dije yo— Otra tragedia.

Gina tomó el documento que tenía Magda y comentó: —Al menos en este documento ella está contada presente en el fallecimiento de su padre.

—¿Crees que debió llevarse bien con su madrastra? —me preguntó Cris en un momento aparte.

—Quisiera poder saberlo —le contesté. Quería acercarme a esta bisabuela de bebé y acurrucarla en mis brazos.

—A mí me da pena, mucha pena. El abandono no empezó cuando Isidoro partió, sino mucho antes. Yo siento su amor como descendiente. ¿Tú lo sientes? Un amor fiero, intenso, que viene de ella. Cuando la mencionamos, yo lo siento —Cristina se puso la mano en el pecho—. ¿Y tú?

Asentí, y dije: —Igual yo. Por eso es importante que recobremos la historia completa de Bianca. Siento que es importante que sepamos.

—Si, pero, cuando era bebé, ¿quién la cuidó?

Salimos a caminar todas juntas entre las casas del pueblo. El aire fresco de la tarde nos acompañaba.

Primero nos detuvimos ante una casa amarilla de tres pisos, muy bonita.

—La casa de la madrastra de Bianca.

La observamos por un momento. Ahí había muerto Francesco, el papá de Bianca.

—Y, de la casa «de los Rainieri», ¿sabe algo de su historia?

Caminamos hasta quedar enfrente para admirarla. Era pequeña, sí, pero lo suficientemente grande como para una familia. Aquí era donde los hijos mayores de Bianca habían nacido. La puerta principal, adornada con un arco, estaba flanqueada por dos ventanas de vidrio. Desde allí podíamos ver dos negocios, uno de ellos era un salón de belleza. Entramos, y le dimos la vuelta a la casa imaginándonos a nuestros antepasados viviendo ahí. No pudimos subir a las habitaciones pues habían sido convertido en oficinas.

—La casa estuvo alquilada por un tiempo cuando ya toda la familia se había ido, —nos dijo Magda— y luego fue vendida.

Cuando nos despedimos, Magda nos preguntó: —¿Hacia dónde les llevará esta investigación? ¿Seguirán por Italia?

—No. De aquí regresamos a República Dominicana, pues vamos a una reunión familiar en Punta Cana, —contestó Cristina.

## 13
## PUNTA CANA, 2015

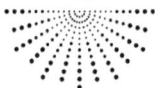

*A*ntes de ser el paraíso turístico que conocemos hoy, Punta Cana era un sueño en la mente de Frank Rainieri. Una visión de playas prístinas, autopistas serpenteando entre cocoteros y un aeropuerto internacional que conectaría este rincón del Caribe con el mundo. Su legado trasciende las fronteras de su familia, inspirándonos a todos.

En las reuniones familiares, donde nos reunimos más de 120 familiares, celebramos no solo sus logros, sino también su profundo amor por sus raíces. La música, la comida y las anécdotas nos unen y fortalecen nuestros lazos. Y con el permiso de Italia, la verdad es que no hay nada como nuestro merengue y bachata, ni como el sabor auténtico de un lechón asado con tostones y moro.

Me senté en la mesa con tío Fernando a escucharle a él. Cuando de pronto, apareció Rosa Harper con su sonrisa de colegiala pero haciéndose la enfadada cuando lo vio.

—¡Tú! ¡Tú que te ves tan inocente ahí...! ¡Pero yo no te lo voy a perdonar...!

Tío Fernando se volteó en su asiento a saludarla con una gran sonrisa.

—¿Y qué fue, *mija*? —dijo él recibiendo una palmada de Rosa en el hombro antes de inclinarse a darle un beso en la mejilla—. ¿Ya se te quitó el miedo a los aviones?

—¡Yo no le tenía miedo a los aviones hasta que te montaste tú! Es mas, ¡yo solo le tengo miedo a los aviones cuando te llevan a *tí* de pasajero!

Al parecer, unas semanas antes, habían coincidido en un vuelo. Rosa, Chelo (su esposo) cuando, ¡oh, sorpresa! Llegó tío Fernando. Entró en la cabina y le tocó el hombro a Rosa señalándole que su asiento era justo detrás del de ella.

Al escuchar esto, salté asombrada,

—¡Qué chulo! ¡Qué coincidencia! Me imagino que gozaron mucho en el vuelo.

Al oírme tío Fernando soltó una carcajada y Rosa fue la que respondió.

—¿Divertido? Nooo, Colorao se encargó de asustarme... Todo el trayecto y yo con un susto metido aquí. Gracias a Dios que era 45 minutos a Puerto Rico. Porque el avión iba... ¿cómo se dice? Despresurizado, y la despresurización desacomoda la presión de la cabina, y lo movía como una lavadora de ropa.

—Y, ¿no te gustan los *rollercoaster*? la gente paga por esa experiencia y nosotros en uno sin costo extra... —tío Fernando esquivó una palmada de Rosa en el hombro.

—¡Oye eso! Y para colmo había que volar bajito...

—Esa vista era realmente un espectáculo! —Dijo tío, relajando.

Rosa siguió:

—...volábamos tan bajito, casi tocando la copa de los árboles...

—¡Ay, qué miedo! —dije por solidaria pero me daba risa.

—Muy buena oportunidad de ver la costa de cerca... —dijo el chistoso de tío Fernando.

—Y yo rezando el rosario, y de repente sale la cara de tío de lado y yo con un susto, y sale él, «Rosa, ¿tu estás rezando? ¡Pero si te estas perdiendo de la vista!».

—Claro, tenías que disfrutar de la vista primero y rezar después, —dijo él— la vida te estaba regalando esa experiencia. El piloto no hubiera volado si no estuviera seguro. Y ¡llegamos vivos!

—Si, pero de milagro.

—Ah, ¿viste? Dieron resultados tus rezos. Pero después les dije que vinieran a cenar conmigo y ustedes no quisieron.

—¡¡¿Y como?!! Si yo tenía el susto atragantado aquí en la garganta, no podía ni tragar, y este disque «Rosa, que nos vamos a moriiiir, que nos vamos a moriiiir» y después me dice, «Rosa, ¡te lo dije, llegamos vivos!»

—Eso es verdad. Y ahora estamos aquí.

—Te lo advierto, la próxima vez que te vea entrando a un avión, ¡me voy a salir! —sentenció Rosa, abrazándolo con fuerza.

—¡No, porque entonces, ¿con quién me voy a reír?!

## 14
# EN LA PISCINA DEL WESTIN EN PUNTA CANA

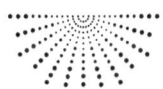

*E*stábamos en la piscina del Westin disfrutando de la tarde. Mis primas vestían trajes de baño de colores con grandes sombreros para proteger sus cutis del sol. El único hombre que estaba en el agua, rodeado de todas esas flores risueñas, era Monchito Imbert.

Su hermana Yvonne me habló desde la piscina:

—Visitemos la tumba de Isidoro como un homenaje a este progenitor.

—Yo también quiero —dijo tía Yolly, su mamá, que a sus ochenta y cuatro años estaba lista para la aventura.

—Entonces vamos —contesté desde la orilla recostada en mi *chaise longue*— ¿en qué fecha quieres ir?

—A finales de octubre —dijo Yvonne.

En eso, Fanfi se acercó al borde de la piscina y se dirigió hacia mí.

—Yo lo que quiero saber es por qué dejaron botada a mi

abuela en Italia cuando era niña, —y si no hubiera tirado la bomba, se recostó en el borde de la piscina mientras yo me enderezaba.

Gina, que estaba a mi lado fue la primera en reaccionar: —Tu abuela (Mafalda) y Queco se criaron en Bologna. No estaban solos. Se criaron con familiares.

La historia familiar dice que los hijos de Bianca habían crecido divididos entre dos continentes. Los más pequeños vivían con ella en Puerto Plata, y los mayores en Bologna.

A Fanfi, el hecho de que su abuela Mafalda hubiera crecido separada de su madre, le parecía una injusticia.

Le dije: —Mira, Fanfi, reunir a la familia, no era automático ni inmediato. Las guerras, las pandemias de principio del siglo xx, lo hacían peligroso.

—A mi abuela la dejaron botada, —insistió enfurruñada.

Gina dijo: —Se criaron con familiares. En una comunidad muy unida y sana. Era lo que se hacía en esa época.

—¿Con qué familiares si estaban todos en Puerto Plata?— Fanfi negaba con la cabeza—. Yo no me explico. Por eso a la mamá Bianca le decían Doña Blanca, por fuerte.

—A mí me hace sentido que una familia de inmigrantes estuviera dividida por un tiempo, mientras crecían los hijos, —dijo Monchito—, el negocio estaba en Puerto Plata y la casa en Italia.

Defendí a Bianca: —Miles de inmigrantes hacen eso: dejan a los niños con familiares y se van a lograr un mejor nivel de vida, con el sueño de regresar a su patria algún día.

—¿En qué año viajaron a Puerto Plata? ¿Cuál fue el año en que la familia se unió? —preguntó Fanfi.

—La fecha precisa no la tengo porque los registros de Ellis Island de 1921 y 1922 sucumbieron a un incendio. Lo que si tengo es que parecieron documentos de la Corte de Inmigración, en 1922.

—¿Dijiste corte de in migración? ¿Se presentaron a una corte de justicia? –la indignación de Fanfi brillaba en sus ojos. Para ella, era el colmo de la injusticia.

Al mismo tiempo, Monchito reaccionó, —si estuvieron en corte, ¿cual es la razón por la que estaban detenidos?

—No está clara la razón de su detención. Aparentemente habían transgredido la Ley 28 de la INA por viajar siendo menores de edad.

—¿Menores de edad? —preguntó Monchito— pienso que en 1922 eran mayores de 18 años.

—Si, pero al estudiar el documento observé algo curioso: habían reducido la edad de Queco, y le habían puesto el nombre de «Francis» en vez de Francesco. Creo que para que las autoridades no los separaran. Solo estoy especulando.

—¿Pero cómo lograron confundir a las autoridades? ¿Lo disfrazaron? —preguntó Monchito con su usual buen humor.

Nos echamos a reír. Nadie se imaginaba que tío Queco, tan varonil, se hubiera dejado poner de mojiganga. Como siempre, en la familia en la que todo es un relajo, hicimos pantomima de cómo pudo haber pasado escondido.

—Detrás del moño de Mafalda —acertó a decir Monchito, recordándonos que tía Mafalda tenía un moño que parecía una obra de arte. Explotamos de la risa ante la ocurrencia.

—...que las autoridades no les convenía ponerse a pelear con las bravas mujeres Rainieri, —dijo Yvonne.

—Mi abuela me dijo que ella vivió en Nueva York un tiempo —dijo Fanfi, refiriéndose a Mafalda.

—Vamos a preguntar a los tíos —sugerí. Salimos del área de la piscina y fuimos al restaurante donde estaban los nietos de Isidoro y Doña Blanca.

# 15
# RELATOS DE FAMILIA

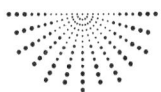

*E*n el restaurante del Hotel estaban tres nietos de Isidoro y Bianca. Tio Frank, (hijo de Queco), y sus primos Maltés, Ana Felicita y Miguel (hijos de Ana), y sus respectivos cónyuges, Nani e Iván.

—Venimos en son de investigación, —anunció Yvonne.

Mi pregunta era en específico a tío Frank que era el mayor.

—Cuando tu papá y tía Mafalda viajaron por primera vez, ¿es verdad que se quedaron un tiempo en Nueva York?

—Papá me contó que estuvieron hasta un mes en Nueva York —respondió tío Frank— y también me dijo que no conocían a ningún dominicano, hasta entonces.

—¿Te contó en qué hotel se hospedaron? —quise saber de inmediato. (Nota: Según un amigo genealogista, el hotel América, N. Y., 1904, estuvo relacionado con Isidoro Rainieri).

—No sé. Papá solo me dijo que en Nueva York se encontró

con los Cabral de Santiago. Doña Amelia Cabral, la futura Vicini, fue la primera dominicana que conoció. Un día me encontré con doña Amelia y me dijo: «Tú sabes que ya estamos viejos, por eso te digo, que yo me enamoré de Queco cuando lo vi. Él era más joven que yo, pero era muy buen mozo y caballeroso».

Esto nos provocó unas risitas de adolescentes.

—En el registro de la corte de Ellis Island aparecen en custodia por un día. Tengo copia de ese documento. —les dije.

—Él nunca me contó que estuvieron detenidos. Pasar por aduana pudo haber sido complicado. Pero está confirmado que vivieron en Nueva York. Recuerdo que me dijo: «Conocimos por primera vez dominicanos. No habíamos tropezado con personas de ese país».

—Es que tía Mafalda y él nunca habían estado en República Dominicana —explicó tío Miguel.

—Se sentían totalmente extranjeros. Conocer personas de este lugar les llamó la atención —dijo tía Felicita.

—Porque eran italianos, no dominicanos —agregó tío Miguel.

Tio Frank continuó: —Papá me dijo: «Ahí comencé a hablar por primera vez palabras en español». Entre los hermanos se hablaba en italiano. Por lo menos los hijos mayores. No sé si tía Ana que era la más pequeña… —señaló a Miguel y Felicita.

—Entendía el italiano, pero no lo hablaba —contestó tía Felicita, al respecto de su mamá.

Tio Frank continuó: —Se hablaban en italiano en la mesa. (Se refería a Isidoro y Bianca como abuelo y abuela). Lo sé porque esa era la queja de mamá con papá. (se refería ahora a

Queco y Venecia): «Pero si en tu casa hablaban italiano, ¿por qué tú y yo no hablamos italiano para que los muchachos aprendan?». Pero se dejó así, tal cual estaba.

—Recuerdo que tú papá tenía acento —dijo tío Miguel—. A mí siempre me dijeron que yo me parecía a él.

—¡Tú te pareces a Superman! —salté yo haciéndolos a todos reír. Y es que a tío Miguel lo han confundido con Christopher Reeve, el actor de Superman.

Tío Frank aludió al comentario sobre el acento:

—Papá hablaba español con acento, sí.

—Y cuando decía malas palabras, ¿lo hacía en italiano o en español? —pregunté yo, de fresca, que siempre se me dio bien. Todos se rieron.

—Él no decía malas palabras nunca. Bueno, pero el día raro en que se incomodaba y se le cruzaba el cable, decía «cara-o». Y saltaba la jota.

Me encantó la anécdota y creo que a todos, porque nos reírnos divertidos. A mi insistencia tío Frank elaboró la historia de las malas palabras.

—Hay una historia famosa de una noche en que papá escondió a tío Antonio. Era que estaban en el carro papá y él cuando notaron que unos «calieses»...

Al parecer, Queco y Antonio Imbert vieron por el retrovisor que había un «cepillo» (carro de policías de esa época). Antonio, al detectar a los guardias por varias calles, dedujo que los estaban persiguiendo.

—No los perseguían —aclaró tío Frank—, sino que coincidieron en la calle yendo en la misma vía y con el carro detrás. Pero igual, tío Antonio se alarmó: «Nos están siguiendo los calieses. Párate, Queco. Detente, que me voy a tirar». Y sobó la pistola, papá le dijo: «Mira, ¡cara-o!».

Ahora sí que explotamos en carcajadas. Tio Frank siguió dando cuerda a la anécdota:

—Durante años, tío Antonio hacía el cuento y lo relajaba diciendo «mira en qué momento salió tu papá con carajo».

Me miró porque sabia que yo iba a salir con mas preguntas y, ¡no lo defraudé! —¿Viajaste con tu papá a Italia?

Mi pregunta tenía sentido porque, en la época del dictador, solo aquellos que conseguían un permiso especial podían tener pasaporte.

Su respuesta lo confirmó:

—Ya de adultos, fuimos juntos, y ahí conocí a la familia de allá. A la tía María, la hermana de leche de papá. Después, fuimos a Bolonia y comimos con la otra prima, Luisiana. ¡Era igualita a tía Mafalda! Pin-pun: andaba derechita, alta, con el moño idéntico.

—Yo pensaba que ese moño era único... —dijo Monchito, arrancándonos una nueva carcajada.

—...andaba con un bastón y un moño —explicó tío Frank — Recuerdo que una vez íbamos a cruzar una calle, aunque estuviera en verde para los carros, les daba en el capó y los hacía parar para cruzar ella. ¡Tenía porte de guardia y mal genio! Decía: «¡Que esperen ellos, que van sentados!».

Un nuevo estruendo de carcajadas llenó el aire del comedor.

—He visto viejitas así de malgeniosas en Italia, —puse yo.

Tio Frank continuó: —En 2008 visitamos la casa. Quise llevar a mis hijos y nietos. En ese tiempo la ocupaban los miembros del partido Demócrata Cristiano de Italia, que la habían comprado. Cuando volví con Oscar Imbert, nos detuvimos y mandamos a buscar al dueño.

Me miró con picardía y dijo: —Cuando fuimos en los Ferrari...

—Pasó así: nos detuvimos frente a la casa y Oscar dice: «Mira, vamos a comprar la casa para hacer un museo en honor a tío Queco». Preguntamos por el dueño y la gente que estaba dentro nos dice: «El dueño está en Roma, pero el cura es muy amigo de él...». Y Oscar sale del carro a buscar al cura a la iglesia de San Pietro, que queda en la misma esquina. Este tampoco estaba.

—¡Gracias a Dios! —dijo tía Felicita, provocándonos más risas, y tío Frank coincidió con el mismo pensamiento.

Yvonne preguntó: —Si hubieran encontrado al dueño, ¿la hubieras comprado?

—Bueno, aquella vez, de vuelta sentados en el carro, Oscar y yo nos miramos, pensándolo mejor: «¿Y qué íbamos a hacer con una casita en Bolonia?» Porque si hubiera sido una casa grande, pero es una casita... Aunque, lo admito, si hubiera aparecido el dueño, la hubiéramos comprado. En ese momento la emoción era tal que... era una casa querida y, quizás, luego lo pensé, que sería para que todos los descendientes hubiesen ido allá, a hospedarse.

—Es el romanticismo de tío Frank —dije yo.

Le conté que sentía lo mismo por la iglesia donde Isidoro fue bautizado. Quería comprarla. Terminé con una reflexión: —¿Qué habría hecho yo con una iglesia en San Secondo?

—¡Una discoteca! —contestó tío Frank, siempre creativo.

—¡O un restaurante! —agregó tío Miguel.
—Pues que bueno que no ha aparecido el dueño, —terminé yo, riéndome.

## 16
## UNA HISTORIA DE AMOR

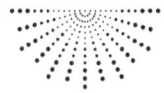

En la vida hay muchas expresiones de amor y amores que no se olvidan. Hay amores que han sido y serán y amores que a distancia quedarán. Las herencias de amor son muy peculiares y en esta familia los amores duran mucho.

—Tía Pilar, cuéntame una historia de amor.

Nos sentamos en un sofá del lobby.

—¡Oh, cielos! —contestó entre divertida y apurada—. Pero, ¿la mía? Porque esa no...

—¡Ay, sí! —le supliqué entusiasmada. Aunque viéndola titubear y negar con la cabeza, agregué—: Es que creo que las historias de amor las cuentan mejor las mujeres de esta familia. Empecemos con la de Queco, si te la sabes...

—La historia de amor de Queco y Venecia —me dijo— se la sabe mejor Luis Manuel. Tenía cinco años cuando Queco iba a visitar a Venecia a la tienda. Cuando la estaba cortejando.

—Cinco años... —repetí melancólica y me imaginé a un

niño de cinco años en una tienda de la época de 1930 en las calles viejas de Santo Domingo.

Intuí que esta historia iba a ser buena y me lancé como loca a anotar todos los datos que salían de su boca. En realidad, ya le había preguntado a tío Luis Manuel una vez que fue a visitar a tía Blanca al hospital. Tía Blanca era la hermana de mi mamá y mi madrina, y tiene el nombre más bello de la familia, al menos para mí: Blanca Adelaida Ginebra Rainieri. Pero ella no es parte de esta historia, solo quería mencionarla.

Lo que tío Luis Manuel me había contado en aquella ocasión: que su mamá era viuda de Luis Machado, que a su padre, a quien le decían «Cucuso», que había sucumbido al cáncer cuando tenía veintiocho años (y tío Luis Manuel solo cinco meses).

Esos eran los tiempos que decían que las viudas solo servían «para vestir santos». Pero al final a Queco Rainieri eso no le importó. Yo pienso que es porque en las familias hay cierta inclinación por lo que es familiar y después de todo Queco era hijo de una viuda.

Entonces, vamos a remontarnos a la historia cuando Venecia Marranzini, una joven viuda, era también emprendedora y estableció, junto con una amiga, una tienda en Santo Domingo.

Imaginé a Venecia y a su socia y amiga, vestidas de sus blusas vaporosas estampadas de flores, pantalones blancos de lino y el cabello recogido en la nuca. En eso y en el negocio se habían puesto de acuerdo. Todos los días había algo que hacer y no dejaban de moverse. Parecían revolotear como elegantes mariposas entre muebles y adornos del hogar, lámparas italianas y mamparas japonesas, mesas exquisitas y sillones

ITALIA EN MI CORAZÓN

forrados. Esta mujer viuda y joven, elegante y hábil, se sintió feliz cuando la tienda comenzó a tener éxito entre las damas de la sociedad. Era el fruto de un esfuerzo calculado y, sobre todo, constante.

Su hijo, que llegará a ser mi querido tío Luis Manuel, tenía cinco años en aquel entonces. Era un niño parlanchín para su edad, que se entretenía solo, jugando en la esquina, con sus amigos imaginarios de infancia y un camioncito de juguete.

Esta historia viene a mí con claridad a través de las palabras de tía Pilar. Ella comenzó describiendo al galán.

—Don Queco era un hombre muy apuesto y codiciado por las damas, pero... un soltero empedernido. Pues creo que tenía casi cuarenta años cuando se fijó en Doña Venecia. Eso sí, siempre fue muy educado y atento y, cuando pasaba por la tienda, se detenía a saludar al niño. Le hacía mucha gracia a Luis Manuel.

Así me lo imagino. Veo a Queco que se había detenido con la excusa de que iba a hacer una diligencia a una de las oficinas del gobierno que quedaban al lado.

Pero el niño, que sabemos es hijo de Venecia, juega en una esquina. Muy bien portado. Queco también perdió a su papá (Isidoro) cuando apenas había cumplido seis años.

Quizás a Queco le habrá llamado la atención al niño de ojos claros que se levantó para enseñarle su camioncito. Le habla de su juego con sus dientes de leche, por donde escupe los ruidos del motor.

—¡Oh, qué inteligente! —le responde Queco, sonriéndole—. ¡Qué trabajador que eres! Muy bien. Así siempre puedes ayudar a tu mamá.

Venecia notó que una figura masculina estaba hablando con su hijo.

—¿Le puedo ayudar en algo? —cayó en cuenta de que era el apuesto Queco y sus ojos se encuentran—: Disculpe, no sabía que era usted.

La visita se repitió. Y la amiga al verlo, levantó una ceja: —Mira, aquí viene otra vez. Ese que siempre te pone ojitos.

—Yo no sé qué quiere Queco Rainieri. ¡Si soy una viuda!

Dejé a mi imaginación perdida en el ensueño de aquellos momentos y me di cuenta que tía Pilar había guardado silencio, perdida ella también en estos pensamientos.

—O sea que Queco y Venecia... se enamoraron pero, ¿se acercaron gracias a tío? —pregunté.

Tía Pilar se rio, y contagiada de mi imaginación me dijo:

—Ja, ja. No sé... El puede haber sido la excusa del acercamiento, sí...Solo Dios lo sabe. Pero, lo puedo ver así.

Y las dos, participando de aquella idéntica visión, fuimos trayendo a la memoria recuerdos que no eran nuestros, sino prestados e idealmente hermosos.

## 17
## AMOR DE TÍA PILAR

—*T*ia Pilar, Cuéntame tu historia de amor. Y lo que vino a continuación casi me hace caer del sillón.

—Es que lo de nosotros no es lo que estás buscando... No fue amor a primera vista. Fue pique a primera vista.

—¿¡Quééé!?

—¡Fue un *blind date*! Y, cada vez que me acuerdo, todavía me pongo furiosa.

—¡Uy! Esto va a estar bueno. Por favor, por favor...

Sonrió traviesamente, —Pues te la contaré y tu me dices si es una historia de amor...

—... o de pique, —me encantaba esa palabra.

Ella comenzó así:

—Un día me llamó una amiga y me invitó a una fiesta que estaba preparado con motivo del casamiento de su hermana.

«—Pilar, estoy preparando una fiesta y formando parejas... ¿Conoces a Fernando Rainieri?»

«—Conozco al hermano, pero no a él —le respondió ella.

«—Pues yo creo que se llevarán muy bien. Prepárate porque va a ser tu pareja esa noche.

La expectativa de conocer a alguien —de quien tenía la corazonada iba a ser muy especial— llenó de ilusión y curiosidad su tierno corazón. Cuando llegó a la fiesta y entró, buscó entre la gran cantidad de invitados y finalmente, le preguntó a la anfitriona.

«—Ahí está —le indicó esta—. El que está hablando...

Junto a otros caballeros estaba él. Gentil y apuesto, con el pelo castaño. Hablaba animadamente con sus amigos. Sin duda, el centro de atención.

Armándose de valor, comenzó a caminar hacia él. Iba decidida a presentarse.

En eso él volteó la cabeza y sus ojos se encontraron. La miró de arriba a abajo. El le sonrió abiertamente. Más segura por su gesto, ella respondió acercándose.

«—Soy Pilar Soto —dijo y sonrió con su bella sonrisa—. Estamos destinados a pasar la velada juntos —agregó sin el menor apuro.

Sin quitarle un ojo de encima, él respondió acercándose un poco más como para decir algo agradable al oído. Pero, para su sorpresa le dijo:

«—Espérate ahí un ratico. —Y se volteó para el grupo y siguió hablando.

Tía Pilar se quedó muda. Petrificada. Su cara se puso roja, pero no de pudor, sino de enojo. De pura furia. Lo tomó como un desaire, al estilo del que le hizo el señor Darcy a la señorita Elizabeth Bennet en *Orgullo y Prejuicio* de Jane Austen.

—¡Mira, Graciela, cogí un pique...! Y nada más pensé: «Si él se cree la última Coca-Cola del desierto, yo soy el último Seven-Up».

Así que Pilar, en el ímpetu de su juventud se prometió no volver a hablarle jamás ni verlo en pintura. Se volteó y se fue.

—Me fui al otro lado de la fiesta pensando «qué hombre más desagradable. ¡Qué se habrá creído!».

Escuchándola reviviendo sus escenas, me reí diciendo que era como una novela pero a mi tía no le pareció nada gracioso.

En mi película mental, estaba ella evadiendolo entre el gentío de la fiesta. Él buscándola y ella huyendo en via contraria.

Pilar encontró su momento de venganza cuando, mientras hablaba con unas amigas, fue él quien se le acercó diciéndole como si nada:

«—Pilar, aquí estoy para ti.

Ella sonrió mirándolo de arriba abajo, de la misma manera en que él había hecho un momento atrás. Y le dijo:

«—Espérate ahí mismito.

Y caminó en dirección opuesta, perdiéndose entre la multitud.

La fiesta se convirtió en idas y venidas, miradas furtivas y orgullo de jóvenes. Para colmo, él parecía sonreírle cada vez que la miraba de lejos, lo que hacía que ella cogiera más pique y ardieran sus deseos de venganza.

En una de aquellas, cuando salió de bailar, encontró a Fernando en su camino, hablando con una mujer muy hermosa. Era de pelo rubio y ojos enormes y claros.

Trató de ignorarlo y volverse.

«—¡Pilar, espera! —le pidió él.

Ya no le quedaba otra que detenerse y acercarse.

«—Te presento a mi cuñada Sara y a mi hermano Luis Manuel. —Pilar vio que, efectivamente, Luis Manuel tenía su brazo entrelazado con su esposa. Se saludaron y, enseguida, Sara y Luis Manuel solicitaron permiso para irse a bailar.

Quedaron mirándose a los ojos. Él, como si nada hubiera pasado, y ella, elucubrando qué iba a pasar a continuación.

«—¿Bailamos? —pidió él. Y, tomados de la mano, entraron a la pista.

Desde ese día, Fernando la visitaba de forma asidua y Pilar se acostumbró a salir con él, aunque siempre con chaperonas alrededor. En ocasiones, acudían a fiestas en el hotel Embajador, que estaba de moda en la época.

Un día, él se asombró al ver que los chaperones eran los padres de ella. Pasaron una velada divina, enfrascados en temas interesantes durante toda la noche. Lo que más le gustaba.

Y fue al día siguiente cuando le confesó por teléfono:

«—Pilar, tú sabes sostener una conversación. Traes siempre temas amenos y curiosos, y tus opiniones me obligan a ahondar más en las situaciones y noticias».

Pilar había crecido siendo una lectora voraz y se había leído todo libro que caía en sus manos. De adulta, leía las revistas de noticias de acontecimientos globales como *Newsweek* y *Times*.

«—Me mantengo al tanto y me gusta armarme de mis propias opiniones».

A Pilar le parecían enigmáticas estas conversaciones en que él la observaba tratando de conocerla, pero a ella no se le había olvidado su primer desaire y hacía esfuerzos decididos por no llenarse de ilusión. Su pasmo fue mayor el día en que él le preguntó:

«—¿Cuándo vamos a estar solos, Pilar?

«—¿Para qué? —preguntó ella a su vez.

Era para pedirle que se casara con él. Yo estaba que aplaudía de la alegría.

—Esta ha sido la historia más divertidamente romántica que he escuchado jamás en mi vida. ¿La puedo escribir en el libro?

18

ADIÓS INESPERADO

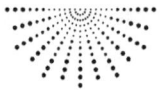

Esa mañana fue la llamada perdida de Billito Harper la que me sacó de mi rutina. Me estaba despidiendo de mis hijos en el desayuno y la vi reflejada en la pantalla de mi teléfono.. «Qué raro que no me di cuenta de esta llamada. Nunca me había llamado tan temprano».

Hacía un mes, antes de comenzar la reunión familiar, habíamos abierto un chat con toda la familia. Billito me había dicho:

«—Tú, que eres la más fresca de todos, agrégalos sin pedir permiso».

¡Había sido un éxito! Por lo tanto, esa semana antes del huracán Erika, sirvió para coordinar transporte para algunos. Los que venían por la carretera desde Santo Domingo, «te paso a buscar», se coordinaban desde el chat. Y comenzaron a poner cosas divertidas como Antonio, que al son de una guitarra cantó que llegaba con Vicky en el carro. Fernandito

## ITALIA EN MI CORAZÓN

puso fotos de su hijo (el menor no había nacido) y, a partir de ahí, algunos de los primos lo imitaron. Otros prefirieron poner un *selfie* y se mostraban antes de entrar o salir de sus vuelos.

Al que más le gustó el chat fue a tío Fernando, que me lo había encontrado en la entrada del hotel leyendo los mensajes y riéndose.

El chat tenía varias semanas de vida y ya se había convertido en una reunión familiar continua. Escogíamos días para jugar, con consignas como «¡todo el mundo tómense un *selfie* desde donde estén!». Gema envió una foto suya en rolos, Billito de sus pies en la arena, tío Fernando de un bistec que comenzaba a morder y la mayoría, desde sus carros, manejando en el tráfico de su trabajo a casa. A la mía, con mis lentes de sol y el Capitolio detrás, Rafa dijo: «Ahí está *agent* Lache».

Otro día, declaramos «Viernes, *Baby*» para compartir fotos de nuestros hijos. Fernandito fue el primero, como siempre, de poner foto de su hijo. En eso él se llevaba bien alto el listón. Y, de un modo u otro, todos disfrutábamos de las imágenes y sentíamos que la buena energía fluía.

Vine a devolverle la llamada a Billito cuando entraba al Distrito de Columbia. Y... lo que siguió fue una confusión. Entre sonidos de un llanto amortiguado, escuché palabras ininteligibles.

Pensé que dijo, «Se murió..., se murió...»

Seguro había entendido mal y cuando pude, lo llamé yo.

—¿Que... qué?

—¿Estás manejando? Detente en algún lugar.

Mi corazón volvió apresurarse y se me metió en la

garganta. Pero aún así pensé que me iba a dar la noticia de un actor de cine…

—Estoy doblando al parqueo, —le narré lo que estaba haciendo—. Ya entré. Ya me parquié. Ahora dime, ¿…qué…?

—Graciela, se acabó… Se acabó todo. —Y decía algo más. Entonces, escuché el nombre:

—Colorao.

Fue como si entre mi espalda y mi pecho, entre los omoplatos y mi esternón, hubiera recibido dos manotadas que me sacaran el aire. Estaba congelada y cuando logré moverme, prendí el parabrisas porque pensé que no veía bien, aunque ya estaba estacionada. Tratando de apagarlo, por error encendí las luces de emergencia. Atiné a apagarlo todo. Me bajé del auto.

Entre balbuceos, entendí que tío Fernando había llegado de un viaje y que se había sentido mal. Tía Pilar le había insistido en que fuera al hospital, pero él no quiso.

No recuerdo cómo pero cuando me di cuenta, ya estaba sentada en mi escritorio. Mi pantalla sin prenderla.

Mi jefe asomó la cabeza. Venía con cara de cómico, pero cuando vio mi expresión, se paró delante de mí y me preguntó:

—¿Qué te pasa? —Observó que estaba pálida y con la mirada perdida. Tomé tanto tiempo en contestar que él mismo se asustó.

—Mi tío…–No podía pronunciar la palabra siguiente.

—Si necesitas tomarte el día…¿Por qué no sales a caminar? —sugirió él—. Te hará bien.

Tomó mi abrigo, me lo puso en los hombros y me condujo hasta la puerta.

ITALIA EN MI CORAZÓN

—Yo también he perdido a un tío muy querido hace un mes. Si prefieres dedicarle este día a caminar..., será lo mejor. Créeme que te consolará.

No había consuelo. Y era el problema de vivir lejos. No podía ir a estar con la familia. No se trataba de tomar un solo avión, sino dos. Si pedía permiso de días libres, había que pedirlo con antelación. Y aún se me complicaba más por mis hijos. No había nada que hacer.

La última vez que lo había visto. ¿De qué habíamos hablado? Fue en la reunión familiar. Me invitó a subir al catamarán de su grupo. «¡Vamos a hablar!, ¡cuéntame, cuéntame!». Pero comenzó una guerra de agua y yo no tardé en correr a esconderme.

—Están jugando con agua, no me gusta. ¡Te veo esta noche! —dije riéndome y guardándome de la guerra.

Fue la última vez que vi sus ojos y su sonrisa. La última vez que escuchaba su voz. No pudimos hablar esa noche. No fue a la fiesta porque decía que el trajín del día en la playa lo había cansado.

Mis pasos me llevaron al Jardín Botánico del Distrito de Columbia. Es mi hábito de venir a almorzar aquí. En cualquier día del año, otoño o invierno, aquí se encuentra una eterna primavera. Y eso era lo que yo quería sentir: La eternidad.

Una brisa suave entró junto conmigo. Me acompañó mientras buscaba un sitio donde sentarme. No encontraba un lugar solitario.

Y es que no era esta pérdida solamente. Había más secretos familiares que no le había dicho a nadie, ni a mis hermanas. Premoniciones de otras pérdidas que vendrían.

De pronto encontré un sauce llorón. El banco bajo él estaba vacío. Me senté. Esperé porque un pensamiento viscoso se estaba apoderando de mi razón. Sabía que la investigación genealógica me había dado vida, un propósito y que me había salvado de las garras de la depresión. Pero siempre pensaba que siempre lo compartiría con tío Fernando, mi mentor. Pero ahora, sin él, mi motivación comenzaba a apagarse. Su pérdida me hizo recordar a cuando perdí a mi papá. Fue casi así tan inesperado y, por lo mismo, mucho más doloroso.

Entonces lo decidí. ¿Qué me había traído la genealogía sino más pérdidas y un dolor profundo? Decidí cerrar la investigación de una vez. Metería todos los documentos en una caja y los cerraría para siempre. Me concentraría en resolver otras cosas en mi casa.

Y, allí, con mis planes ya resueltos, debajo de un sauce llorón solitario, me senté y lloré.

19

LA ROSA DE SAN SECONDO

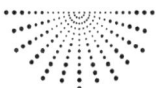

Mientras tanto, en San Secondo Parmense, una rosa nació y creció a destiempo. Cesare la descubrió entre las agujas de heno seco y la grama amarilla tostada por el frío del otoño prendido. Era roja. Se erguía desafiante al viento cortante.

«Esta imagen es de una rosa nacida 'a destiempo' e insiste en vivir ferozmente roja en medio del frío cortante de San Secondo. A pesar del frío invernal que osa a quemar la punta de sus pétalos, no se deja, no se rinde, ni se doblega. No permite que su belleza se pierda ni vive menos por ello. Su belleza no se marchita, ni su espíritu se apaga. Al contrario, vibra con una intensidad inusitada. Su fuego interno la impulsa. Ella puede. Cada día, una nueva victoria».

Había limpiado mi escritorio y guardado todo para olvidarlo. Tomé la pérdida de tío Fernando como una excusa para poner fin a todo.

Observando la imagen de la rosa, pensaba, «¿cómo? Salir

así sin abrigo en el invierno. ¿Por qué no esperó la primavera? ¿Por qué nacer ahora? Para qué si así va a vivir poco, va a morir muy pronto.»

En mi interior, sabía que el alma nunca muere. Sabía que del amor venimos y al amor retornaremos. A sabiendas de esto, dime: ¿cómo es que me duele tanto?

Había limpiado mi escritorio y guardado hasta al mismo olvido. Fue cuando abrí Facebook y apareció la foto de la rosa de San Secondo con las palabras de Cesare.

La apariencia de la rosa... la vi a pesar de todo... exuberante, erguida contra todo. Su tallo había crecido y florecido sin pedir permiso al invierno. ¡Qué salvia más osada tenía en sus venas! Y como puede ella sobrevivir, así solita. Sin nadie que la acompañe.

Y pensé en mi bisabuela Bianca, Doña Blanca, ¿no había sido lo mismo? A pesar de su adversidad, ¿no había ella florecido? Es más, si ella no nos hubiera enseñado de lo que era capaz sola, no tuviéramos esa herencia de su fuerza y su entereza. Sin su adversidad, careceríamos de su narrativa. Sin su historia, ella no sería Doña Blanca.

La rosa, hizo así: No esperó la primavera, no pidió permiso. Inocente al frio que le iba a tocar, igual nació. Desconocedora de los desafíos que la esperaban, floreció de todos modos. Y ahí está. En este momento eterno, feliz de vivir.

¿Para qué se levanta una rosa al borde del invierno? Si todo lo que veo es un símbolo. Si Dios me habla de muchas maneras, ¿qué quiere que vea?

*Para ver lo que significa, florecer en la adversidad.*

# PARTE 3

## LO QUE HABITA EN EL CORAZÓN

## 20
## LA ESTATUA DE DOÑA BLANCA

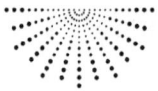

En la costa norte de la República Dominicana, hay una calle estrecha frente al antiguo hotel Europa. Allí se encuentra una estatua de mi bisabuela sentada en un banco. Lleva un libro en su regazo. Nació con el nombre de Bianca Franceschini, pero le llamaban Doña Blanca. Es ícono de la ciudad por ser una mujer emprendedora de negocios: regentó un hotel y un restaurante, en la época de 1898 y 1904.

En el presente, los visitantes disfrutan sentarse junto a ella y tomarse una foto. Es una nueva tradición. Tampoco yo he podido resistirme, pero, en lugar de sentarme a su lado, me he sentado en su regazo.

Quería tener un momento íntimo con mi antepasada.

La he abrazado y le he dicho que la quiero, que siempre la he querido, como ella a mí, en esta vida y antes de esta existencia que llamo «mía». Le he dicho que sé de ese amor milenario que viene de sus madres, que la amaron a ella y me amaron a mí antes de yo nacer. Le he dicho que ella sigue viviendo a través de nosotras. Le he prometido retornar a Italia con ella en mi sangre.

Todas esas cosas le he dicho, aunque ella, en su ser de metal, ha permanecido impasible. Si bien, por un instante, habría jurado que el cobre de sus ojos se conmovía y que mis palabras humedecían sus ojos.

Después, como eternamente estará, ha seguido disfrutando de la tarde, y yo me he quedado contemplando esa serenidad que tanto se merece.

Porque sabiendo de su historia, dudo mucho que hubiera encontrado sosiego en sus días. Batalló con tesón y fuerza por sus hijos. Ella representa a todas esas mujeres que se levantaron tras la adversidad. Y muchas de ellas con graves pérdidas y heridas.

Aunque no soy quien para representar a nadie que de verdad lo haya vivido, mi bisabuela representa la posibilidad de lo que hay en mí. Ella representa a mis hermanas, a mis primas, y hasta a cada una de las amigas que conozco y que he visto levantarse después de una adversidad. Las que al enfrentar un contratiempo, actúan con ecuanimidad, las que permanecer con un corazón agradecido aún en las pérdidas. Tengo una amiga así que en su persona se demuestra la fuerza de sus antepasadas femeninas.

Su nombre es Yira.

Y me acababa de llamar para invitarme a viajar.

No era la primera vez que viajábamos juntas. Hemos ido a Camboya, Tailandia, Turquía y Grecia. Me regalaba millas viajeras para comprar mis boletos de avión. Pero esta vez lo veía imposible. El esfuerzo no me daba.

—Debes venir conmigo a Italia, —me dijo.

No era un viaje de diversión, más bien era un viaje de sanación. Me contó que había pasado por una pérdida enorme. No puedo decir lo que era, por discreción. En silencio, la acompañé mientras me hablaba por teléfono. Mi corazón de cristal se apretó por ella. Entonces le conté de las mías. La pérdida de tío Fernando había también abierto aquellas faltas de la vida de mis padres. Mi papá casi sorpresivamente hacía ya más de una década, y mi mamá más recientemente. Mi corazón se sentía desinflado otra vez, como una piedra de cristal en mi pecho. Así es el duelo. No es lineal. Hay que tener paciencia.

—Los viajes sanan. En esto las dos estamos de acuerdo, —me dijo ella, embargándome de nostalgia.

—Lo siento, pero no quiero ir a Italia. Es muy doloroso, —le respondí.

—...pero tú siempre andas con tus ancestros italianos...

—No quiero saber nada de ellos porque me han dejado abandonada. Se agotaron las aventuras con ellos, porque ellos se han olvidado de mí.

—Bueno, pero es que yo no quiero ir a Italia sin ti. Y tú siempre que vuelves de allá pareces una estrellita de nochebuena saltando de alegría. Además, si tú quieres sufrir, tú sufre, pero yo me tomo mi vino en la dolce vita.

—No te hagas, que tú no bebes vino ni ningún alcohol.

—Pero necesito un terapi-Italia.

—Búscate otro país, que tú sabes que yo te sigo al final del mundo, literalmente.

—Bueno, pero es a Italia que quiero ir.

—Pues no, —le dije.

—Pues te mando las millas... —contestó sin hacerme caso.

## ITALIA EN MI CORAZÓN

Yo no quería. Quería olvidarme de mis ancestros por un tiempo. Cuando de pronto, ¡zas!, se metió en mi casa mi hermana Adelaida (lo digo en broma; ella no necesita invitación) y sale con que:

—Enséñame los documentos de genealogía... —como si fuera una detective en una película de misterio, y de inmediato empezó a cucutearlo todo. Abrió cajones, carpetas, hasta debajo de la cama buscó. Y yo, le caí atrás quitándole lo que agarraba en las manos. Finalmente, adivinó y abrió la gaveta y sacó uno y otro para ver, y luego un puñado. Y yo le hacía el juego de quitárselos y volverlos a poner...

—¿Ya descubriste el misterio de la niñez de Doña Blanca? ¿Quién la habría cuidado en sus primeros años de vida? ¿Quién la habría protegido?

Como respuesta, un papel se desprendió del montón y cayó al suelo. Ella se inclinó a recogerlo, y leyó:

—...un listado de gente... «Familiares en Italia».

—¿Y eso? Ah, me lo dio tío Fernando. ¿No es extraño que aparezca esto justo cuando Yira me invita a viajar a Roma?

—¿Qué? ¡Y por qué a mí nadie me invita a viajar a Roma! —rió.

Leímos los nombres detenidamente. Pensé: "ya no tengo a tío Fernando para preguntarle", al mismo tiempo que la curiosidad le ganaba a mi pena.

Dos nombres saltaron a mi vista: Bárbara Piazzi y Mónica Piazzi. No sabía si eran madre e hija o hermanas, ni qué edad tenían. Aparecía solo el correo electrónico de Bárbara.

Mi hermana me insistió y, por ella, escribí un mensaje rápido pero inspirado:

«Saludos. Me llamo Graciela Thomen y soy la genealogista

de la familia Rainieri en República Dominicana. Encontré su nombre en una lista de familiares residentes en Italia y quisiera saber con precisión de qué rama y hojita viene usted».

No recibí respuesta inmediata. Mi hermana se fue haciéndome prometer que no cometiera la locura de quedarme sin viajar. Ella siempre me da los mejores consejos.

¿Quienes eran esas mujeres apellido Piazzi? Los días pasaron sin respuesta, o quizás quedó suspendida en un tiempo paralelo mientras empacaba...

## 21
## ROMA

A partir de mi movimiento a procurarme un boleto de avión, de pronto todos los caminos comenzaron a dirigirme hacia Roma. Porque hasta en el trabajo, alguien sin relación alguna y sin siquiera saber mis planes de viajes me comentó de una posición laboral precisamente en esa ciudad. Esto picó mi curiosidad y mis deseos de aventuras, y sin pensarlo dos veces, apliqué al empleo solo para ver si conseguía una entrevista. Para mi sorpresa, ¡me llamaron!

Cuando se lo conté a Yira, ella no podía creerlo.

—¡¿En serio que te han llamado para entrevistarte para una posición en Roma?! Tu sí que tienes suerte.

—No sé si es suerte o es que soy muy fresca. ¡Pero *pa' llá voy!*

El día en cuestión, Yira me dejó en la puerta del edificio deseándome toda la suerte del mundo y se fue caminando hacia un parque llamado Villa Borghese. Allí me esperaría.

La cita era en un lugar insólito: un palacete renacentista

italiano. ¡Jamás hubiera imaginado verme en un entorno tan exquisito para un asunto de trabajo! Me encontré con la persona que me iba a entrevistar, se llamaba Lori. Iba vestida con un traje muy chic y una sonrisa bella. Desde el portón de entrada, me indicó un recorrido que se desplegaba entre unos árboles altos.

—Caminaremos a mi despacho por el jardín. Y entraremos por una puerta lateral.

El jardín era un oasis de paz. Las fuentes de agua con estatuas de piedra de ninfas de cuento de hadas salpicaban cada esquina. Mis pies pisaban piedras de colores y tréboles de cuatro hojas. ¡Me sentía tan afortunada! Y, pensándolo bien, en la persona que me había recibido, y ¡ella trabajaba allí! ¿Quién era la afortunada realmente?

En el interior me aguardaban nuevas sorpresas: los techos, altísimos, estaban adornados con frescos de querubines entre rayos del sol. Lori narró la historia de la condesa antigua dueña por ende la decoración femenina tan exquisita. Abundaban las mariposas en tonos lilas pintadas en las paredes que me hacían creer que revoloteaban en su propia magia pues parecían volar entre enormes candelabros con lágrimas de cristal cuando nadie veía.

De pronto, frente a nosotras una escalera de mármol parecía como si diera vueltas por sí hasta el infinito.

—Hay un ascensor, pero... ¿para qué tomarlo si tenemos estas escaleras que parecen llevarnos al cielo? ¿No crees?

¿Cómo negarme? Caminamos por la alfombra persa que representaba un jardín de flores. Y cuando levanté la vista, las pinturas en las paredes me dejaron boquiabierta. Paisajes, retratos, escenas mitológicas... cada uno era una obra de arte en sí mismo.

Entramos, y la oficina era sencilla «aquí se trabaja» pensé por los cajones de archivos y papelería.

—...se trabaja en inglés. Pero, ¿Te manejas bien con el italiano?

Me puse roja como un tomate y bulbuceé, «si trabajara aquí mi italiano sería perfecto», y rápido cambié de tema. —¡Qué suerte que tienes!

—¡Oh, Graciela!, ¿para qué mentirte? Lo admito. —Su tono no tenía nada de confesión, y ni ella misma se creía su propia suerte—. Todas las mañanas salgo de mi apartamento, que está a media hora caminando, me detengo por un café y las bellas calles me traen aquí, donde con solo ver las fuentes que me reciben, se me refresca el alma. ¡Estoy tan agradecida! Aquí he vuelto a vivir. —con un rubor encendido, concluyó—: Amo Roma.

Como parte de un amor mutuo, un rayo de luz entró por la ventana y la envolvió haciendo su figura resplandecer. Lo supe: Roma la amaba a ella igual.

Al salir me entró la premonición de que acabaría viviendo en aquella ciudad o en algún lugar de Italia, segura de que también habría espacio para mí. Ver todo aquello era como una promesa.

Subí por la Via Venetto siguiendo la ubicación que Yira me había enviado y la encontré en la entrada de Villa Borghese.

—¡Adivina lo que encontré! —Comenzó a correr y yo le caí atrás. Parecíamos dos niñas en un parque de diversiones —. ¡Hay unos carritos...! —me iba diciendo con el viento frío cortándole la voz.

Pronto nos vimos montadas en unos vehículos de pedales que imitaban coches antiguos.

¿Les he dicho que a Yira le encanta la velocidad? Pues les digo: a Yira le encanta la velocidad. ¿Y, a mí? ¡No!

—¡Nooo!

—¡Agárrate fuerte! ¡Esto va a ser emocionante!

—¡¿Agarrarme de donde?! Con este carrito tan esquelético, —encontré un tubo que agarraba el techo del carrito— ay, ay.

—No te preocupes, ¿te acuerdas cuando nos *jondiamos* en 4-wheel por la montaña de Tailandia? ¿Y cuando te agarré por el barranco de Capadocia?

—¡¿Y esas son tus palabras de esperanza?!

Y ella les daba duro a los pedales y yo hacía como que les daba duro para que no dijera «no me dejes sola, no». Apretaba los dientes, asustada y divertida a la vez.

Yira me alentaba en la subida:

—Dale, dale duro.

—¡Tu eres demasiada osada!

—Y tú eres valiente en muchas cosas…

—En esto no. Soy bien pendeja.

Sin embargo, el lugar era plácido y bello y en la subida, me entregué a pedalear entre pinos, banquillos, fuentes de piedra y, esquivando personas y otros carritos. De pronto el vehículo tomó más velocidad bajando unaa colina.

Yo: Ay, ay, ay….

Yira: ¡¡¡weeeyyy!!!

Una hermosa fuente de piedra con Neptuno nos esperaba abajo… ¿lograríamos esquivarla?

Yira no aminoraba la velocidad.

## ITALIA EN MI CORAZÓN

—¡Frena! —grité tensando los pies, como si pudiera frenar así.

—¡No encuentro el freno! —Jaló un palo, pero vio aterrorizada que se le quedaba en la mano— ¡Se ha estropeado el freno! ¡No funciona!

—¿¡Que no hay freno!? Y, ¿como piensas parar a esta velocidad!

—¡No te preocupes! Por la fórmula de la inercia... —Yira tiene un Ph. D. y ella a veces me habla como que yo también.

—¡No hay tiempo de explicaciones de química!

—No es química, es física, —corrigió ella.

—¡... é lo mismooo! —Con horror vi que nos acercabamos a la fuente a toda velocidad.

Y, así, en mis últimos momentos pensé lo que me faltaba por descubrir de mi antepasada Bianca... *¡¿Qué pensé qué?!* *¡Mentira! No pensé ni en antepasados ni en Bianca ni en ná de ná.*

Niños, ancianos, parejas saltaban fuera de nuestro camino. Quise gritar en italiano «¡peligro!, ¡somos peligrosaaaas!», con mi mente en blanco, solo se me ocurrió —*Noi siamo pericolose!*

Yira esquivó a los transeúntes inocentes pero seguíamos a alta velocidad.

Calculé abandonar el vehículo al estilo James Bond ¿Probabilidades de supervivencia? Cero.

—¡Agárrate! Voy a chocar contra la fuente para frenar! —Anunció Yira su gran solución.

—¿Esa es tu mejor idea? Te hago una sugerencia: podríamos intentar frenar ANTES de chocar contra ella. Es una idea.

—Tienes razón. Podríamos salir heridas. Ya sé lo que voy a hacer.

Para mí, o terminábamos en agua o terminábamos chocando con los bancos a los lados de la fuente. Así que cerré los ojos. Sentí un movimiento brusco. Cuando los abrí, miré a mi alrededor. Estábamos sanas y salvas detenidas a un lado de la fuente. Yira había hecho un jirón «de pastelito», y con el impulso el carrito quedó estacionado impecablemente. Ahora se limpiaba el polvo de los hombros como si nada. Seguíamos en Villa Borghese... ¡Gracias a Dios, todavía no habíamos llegado al cielo!

—¡Qué divertido! Hagámoslo otra vez —¡Adivinen quién fue que dijo eso!

—¡Nooooo! —Y adivinen quién dijo esto.

Yira caminaba segura y calmada hacia la Gelateria, y yo la seguía tambaleándome, pálida.

Entonces, mi teléfono registró el wifi y entró una notificación de Bárbara Piazzi a mi correo. Era la respuesta a mi *email*:

«¿Qué cuál hojita del árbol genealógico soy? Soy la hojita más feliz, la que está en la rama más divertida de ese poderoso árbol».

Leerlo me sacó una risotada de la sorpresa. No cabía dudas que éramos más que familia. Eramos almas gemelas que coincidían en el sentido del humor y en la manera de divertirse.

## 22
## VINO CORPOSO

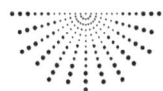

*A*nteriormente al encuentro, cuando mi ahora muy querida prima Bárbara recibió mi *email*, llamó de inmediato a tío Frank y le preguntó:

—¿Quién es esta Graciela que se está comunicando conmigo? ¿Es, de verdad, familia tuya?

Ahora, con la confianza que nos une, me atrevo a imaginar que su primera reacción fue más bien un: «¿Y quién carajo es Graciela?».

La respuesta de tío Frank fue esta:

—Graciela es familia de verdad y, por favor, haz todo lo posible por conocerla porque «vas a quedar encantada de conocer a Graciela».

Tío Frank, bondadoso con sus palabras, siempre tratando de animar y unir a los demás. Me sentí humilde y halagada de que se refiera a mí en esos términos porque esa generosa referencia fue la llave que abrió las puertas a una amistad inmediata con Barbara y Monica. Resultaron, más que parientes de sangre, familias del alma. Además, eran la clave del misterio de la historia de Bianca...

De más está decir que encajamos de inmediato, e igual con Yira, que se divirtió y las divirtió sobremanera. Bárbara, con sus ojos castaños y su cabello rubio, es un año mayor que yo. Mónica, en cambio, tiene el pelo rojizo, los ojos verdes y una energía contagiosa. En su familia, es Mónica la que se ocupa del árbol genealógico. En este primer encuentro venía con él enrollado en una cartulina bajo el brazo.

—¿Has traído tu divino tesoro? —le pregunté y señalé el rollo. Pero ella no sabía lo que son para mí los ancestros y solo me miró.

Para conocernos mejor, las nuevas primas habían reservado en un restaurante boutique especializado en vinos exclusivos de una región.

El piso de madera antigua crujió al entrar. El local estaba atestado de gente, pero ellas ya se habían ocupado de reservar una mesa aparte y no tuvimos que esperar. El maitre nos dirigió a la escalera hacia el sótano. Me agarré de la baranda gruesa y sentí como si me aferrara a cientos de años.

Las paredes de piedra daban la sensación de adentrarme en una fantástica grieta etrusca. A un lado, a través del crystal enorme, se veía una bóveda llena de vinos en columnas de arriba abajo. Me asombró ver a algunos meseros de trapecistas que con una soga subían y bajaban la pared llena de vinos.

—¿Os molestará si nos acomodamos cerca de la bóveda del vino? —nos preguntó Bárbara.

Las mesas y las sillas estaban tan juntitas que nos tocábamos los hombros. Esto hacía como que estábamos cenando

ITALIA EN MI CORAZÓN

con todos los comensales. Sus voces entonaban el cántico ancestral en el acento de mis antepasados. Era un ambiente alegre y anticipábamos una aventura gastronómica sin igual.

Manteles blanquísimos y camareros impecablemente uniformados, como extras de una película, proporcionaban el tono restante. Como ágiles trapecistas, servían con gracia los platillos que se habría dicho que volaban hasta llegar a su dueño. Los platos desfilaban ante mis ojos haciéndome la boca agua.

Servían el vino con gran reverencia; primero, presentando la botella como el gran premio a la mejor actriz; después, inclinándose a la aprobación de los clientes catadores que, a veces, conllevaba un encendido aplauso. Parecía un teatro. El maitre, como gran conductor de orquesta, alargaba los brazos asegurando que todos tuvieran el vino preciso, mientras sus ojos brillaban con la pasión de un sommelier.

—¿Qué tipo de vino les puedo ofrecer? —preguntó el mesero del lado de Yira mientras el maitre no les quitaba ojo de encima.

Yo esperé a que Bárbara o Mónica escogieran, porque ni Yira ni yo éramos grandes conocedoras de vino; es más, generalmente tampoco tomamos más de una copa por noche, aunque yo estaba abierta a dos, ya que me tenían seducida los trapecistas haciendo malabares tratando de alcanzar el vino de más arriba.

Bárbara, muy amable, se volvió hacia nosotras:

—¡Escojan ustedes! —Me miró a mí primero y notó que yo miraba a Yira.

Y entonces todas miramos a Yira.

Su concentración; era como si tomase nota en vísperas de

un examen para su doctorado. Estaba tan absorta, que comencé a ponerme nerviosa. Yo quería caerles bien a mis primas como cuando a los padres a un novio.

Sospeché que algo malo iba a pasar.

Yira nunca le había hecho caso al vino pero su grado de estudio actual era el de un erudito catador.

Repito que no bebe, o no bebía, ¡casi nada! Y rara vez, vino.

Suspiré.

Quizás, quería asegurarse de elegir un vino delicado como la pluma y dulce como para que no nos cayera mal con los padres del novio, digo..., con mis primas.

Pero cuando vi su dedito recorrer las hojas de la carta. Bajé los lentes y entorné los ojos para verla mejor. Bárbara y Mónica hicieron lo mismo. El maitre se detuvo e hizo lo mismo. El mesero hizo lo mismo. Ahora si, todo el mundo, hasta las mesas de al lado, haciendo lo mismo, mirando a Yira.

¿Y, Yira? Leyendo con el dedito adoptando expresiones graves...

Escuché los rumores: ¿Sería, tal vez, una especialista que habría ido a tomar nota de la calidad de sus caldos? Esperé que no esperaran nada de Yira, no vaya a ser el gran fiasco.

Claro que yo quería que mis primas tuvieran buena impresión de mí. De mí, de Isidoro y de Bianca, de todos los ancestros. Eso sí, nada de traer a colación la historia del abandono. No que vayan a pensar mal de Isidoro. No, señor. Nunca pero nunca les contaría el cuento del abandono.

De repente, Yira levantó el dedito un poco más alto de lo normal y el maitre aguantó la respiración, atento a no derrumbarse, como la torre de Pisa. El bigote se le había crispado atento a la orden a punto de salir desgaritado. El camarero también, parecía un corredor olímpico esperando el estruendo de la bala para pelear su medalla.

¡Todo el mundo aguardaba su pedido de la erudita del vino!

¿Y yo? A punto del pánico, sentía que me transpiraban hasta las orejas.

Yira comenzó:

—Yo quisiera... —Todos se inclinaron más aún. La torre de pisa, a punto de caer.

Luego, con el dedito hizo un gesto de negación «no, no» y los cuerpos volvieron a enderezarse.

Y siguió leyendo. —Yo quisiera... —volvió a decir. Todos se inclinaron de nuevo.

Luego, con el dedito hizo otro «no, no», y los presentes volvieron a echarse para atrás.

Volvió a la carga. Esta vez, la inclinación de los cuerpos fue más acusada. No se oía ni una mosca. No que habían tampoco.

—Yo quisiera... Un vino con cuerpo. ¡Pero no cualquier cuerpo! —y, para darle énfasis, dobló el puño e hizo un ademán de fuerza con el brazo. —¡Con cuerpo! —Agitó el puño fuerte contra su costado. Apretó la boca y levantó el mentón con énfasis.

El camarero y el maitre se miraron. Yo me iba a desmayar. Bárbara fue la primera que habló: —Corposo? ¿Quieres vino *corposo*? —Y cerró el puño imitando la expresión.

Yira asintió, cerró el puño con más fuerza: —*Corposo!* —Y agregó como quien sabía de vinos—: un vino de cuerpo entero.

Incrédula, abrí la boca. Bárbara se dirigió al mesero y al maitre, hizo el mismo gesto, puño apretado, boca apretada, confirmando así la elección que Yira acababa de hacer—: Vino *corposo, per favore*.

El mesero salió casi dando traspiés mientras el maitre le instaba:

—¡Eh! Un vino *corposo. Corposo,* ¡eh! —insistía imitando el gesto, apretando el puño con fuerza.

Los otros meseros, agitados y repitiendo el ademán, le decían «corposo, ¡corposo!» Y nuestro camarero parecía saltar entre las mesas. Los comensales de las otras mesas reproducían el gesto con el puño: —No cualquier vino, ¡eh! Solo acepta el... *corposo!*

Entre todo aquel desconcierto, Mónica me miró. Me hizo un ademán inquisitivo como un «y a ti, ¿qué te pasa?».

Pálida por la algarabía ocasionada, miré a Yira a través de la mesa: —Yira, ¡por Dios!

Me devolvió la mirada con una cara de «qué-lo-qué».

Los ojos de mis primas pasaron mí a Yira, de Yira a mí, como ping-pong.

Yo contesté: —¿Por qué no pediste un simple vino suave cualquiera? Estan los meseros corriendo por acá y por allá, subiendo allá *arribota,* ¡buscando la utopía del vino! La mesa de al lado ya pidió el mismo, disque... ¿*corposo?* —Imité su gesto con el puño—. ¿De dónde tú sacaste esto?

—¿Y si yo quiero mi vino bien *corposo?* —respondió ella y, para molestarme, hizo el ademán con el puño diciendo—: ¡A mí me gusta mi vino así, bien *corposo!*

—¿Es que Yira es... alcohólica? —me preguntó Bárbara.

—¡Nooooo! —exclamé. Esto ya iba de mal en peor. Seguro

## ITALIA EN MI CORAZÓN

estaban pensando mal de Yira y, por ende, mal de mí, y por ende, de Isidoro y Bianca. ¡Ahorita sale a relucir el abandono! No sabía si reír o llorar. Opté por los dos. Le dije a Yira, —mira, tú ni bebes, —Miré a mis primas negando con la cabeza—. No bebe. Nada. *Niente*. Pero, de todos los días, hoy se le ocurre comenzar a beber.

No pude evitarlo e hice el ademán de empuñar con fuerza, engurruñando la boca. Para colmo, el maitre, al verme, se acercó.

—Sí, sí, *signorina*. El vino *corposo* viene de camino. —Y volvió a hacer aquel gesto que ya me sacaba de quicio. Yo no pude más que mirarlo atónita. Luego, resignada, me eché a reír.

—Entonces, ¿ella no bebe? —concluyó Mónica.

—¿Yira no es bebedora? —preguntó Bárbara.

Yira me miraba divertida y para «darme cuerda» dijo: —Yo tomé un curso de vino. En una enoteca.

—¡...una clase de vino!

—Estoy poniendo a prueba mis conocimientos aprendidos, —contestó ella casi sacándome la lengua.

—Mira que si se cae el que se subió al *cojollito* de allí arriba, buscando tu famoso vino, será tu culpa y... ¡nos van a botar de aquí!

Las primas se dieron cuenta y las cuatro nos echamos a reír. Estábamos malas de la risa cuando apareció el mesero, presentando el vino con gran ceremonia, bajo la atenta observancia del maitre. En voz alta, para que todos lo escucharan, dijo:

—El mejor vino de cuerpo entero. El más... ¡*corposo*! —hizo el ademán con el puño para rematar.

Las otras mesas aplaudieron.

Como la gran experta catadora (que no era), Yira levantó su copa, la miró a contraluz y la giró. Aun antes de probar el contenido, volteó la vista al maitre y le pregunto con seriedad y casi un tono de advertencia:

—Es seguro que es... ¿bien *corposo*?

Y el maitre, transpirando en admiración frente a una enóloga tan exigente, sudor en frente, asintió.

Entonces, solo entonces, Yira lo probó. Con su actitud de catadora científica, ojos cerrados y alta concentración en el paladar. Por fin, tras unos segundos tensos, levantó la vista y dijo:

—Si, bien *corposo*.

Ahora, todo el restaurante parecía haberse puesto de acuerdo:

—¿Nos puede traer el vino de la catadora, *per favore*?

# 23
# UNA BEBÉ DECIDIDA POR LA VIDA

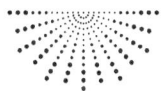

Satisfechas con el vino, nos dispusimos a compartir nuestros árboles genealógicos. El mio era más bien un huerto de árboles en un libro, cada página era uno dedicado a un hijo de Bianca e Isidoro (y sus descendientes). En cambio, el de Mónica era un extenso mapa genealógico que cubría casi toda la mesa. Juntas, exploramos la antepasada en común: Bianca.

—Mi bisabuela Bianca nació en 1875. Su madre murió, ¿quién se encargó de la bebé? ¿Quién salvó a Bianca?

Entre ellas hubo un intercambio de fechas y palabras, y luego me miraron. En ese punto, Mónica tomó la palabra.

—La historia de Bianca es intensa desde sus inicios. La mamá de Bianca murió unas semanas después de ella nacer. Así como dices. Alguien la tomó de los brazos de su madre moribunda para ponerla en otros brazos de otra mamá que pudieran alimentarla.

—Pobrecita... —se conmovió Yira.

Pero yo solo pensaba: «¿A quién le debemos la vida todos los descendientes?».

—Dos tías se encargaron de la niña, eran hermanas: Chiara y Angelina, —dijo Bárbara.

—Chiara, la tía menor, rescató a tu antepasada de los brazos de su madre muerta para llevarla a su hermana Angelina, —siguió Mónica.

—Angelina, casada con un bebé, —dijo Bárbara— es nuestra antepasada...

—...alimentó a Bianca... y por esto Bianca se considera con su primo como hermanos de leche, —recalcó Bárbara.

—Así que las tías que la rescataron son hermanas del padre... —repitió Yira, intrigada con la historia.

—¡Exacto! Y nosotras somos descendientes de Angelina —corroboró Mónica.

Ellas dieron algunos detalles de la historia. Sobre la casa y que eran vecinos en un pueblo pequeño donde todos se conocían.

Cierro los ojos y me transporto a un pasado brumoso, a una tarde lluviosa de 1875 en Bolonia. La calle de Castello d'Argile, empedrada y resbaladiza, se extiende ante mí. Ha llovido y el olor a tierra mojada y a leña humeante llena el aire. Mi imaginación es fuerte y he llegado como un fantasma del futuro y esquivado los charcos y por la ventana pude observar. En una casa pequeña hecha de piedra y ladrillo puedo ver a dos hermanas una sentada la más joven, Chiara, de pie abraza un bebé, envuelta en prendas de lino blanco.

Veo a las tías, que arrullan a una bebé, una de mis antepasadas más queridas, Bianca. Siento mi corazón apretarse mientras observo esta escena conmovedora. Una profunda gratitud hacia estas mujeres me embarga. Sus acciones marcaron el destino de nuestra familia. Gracias a ellas, yo existo.

Las hermanas Chiara y Angelina tenían una entrañable amistad con Raffaellina (la mamá de Bianca). Juntas, habían tejido un tapiz de complicidad que las unía más allá de cualquier parentesco. Además, Raffaellina se casó con el hermano de ellas y de su unión nació una niña. Pero a la primeriza madre le da una fiebre y la herida del parto no parece prosperar hacia su recuperación. Las amigas ven impotentes cómo su amiga sucumbe a su muerte.

Chiara recuerda haber entrado al aposento donde la familia materna de la difunta limpiaba el cuerpo inerte. Bañada en llanto, no podía más con la tristeza. La joven amiga, decidida y con un tajo de dolor en la garganta, se acerca a la bebé. La encuentra pálida. Los deditos se agarran a la punta de su índice.

—Se la voy a llevar a Angelina. Ella le dará de lactar—les dice a los presentes, tragándose el dolor.

—Haz lo que tengas que hacer. —Le ponen a la bebé en brazos.

Chiara sentía una mezcla de tristeza y determinación. El paño de encaje que envolvía a la bebé, un regalo suyo, era un símbolo de la promesa que acababa de hacer: cuidar de esta pequeña vida. Piensa que la pobre bebé ya ni llora. Pero sabe de la responsabilidad y de que están a punto de emprender un viaje que marcará toda su vida.

Cuando llega a la casa de su hermana, deja caer su capa al suelo. Rápidamente, sube la escalera con la respiración entrecortada. Su hermana descansa, adormilada en su cama. Su propio bebé duerme apacible en la cuna. Chiara le pone a la niña en brazos.

—¡Despierta! Mira... Está desfallecida —anuncia Chiara, desesperada. Su voz, cargada de emoción, resuena en la habitación.

En esta familia, las hermanas se cuidan y se protegen. Se aman con devoción. No sé si esta tradición de amor filial empieza aquí o si responde a un acuerdo arraigado en las profundidades de nuestro ADN. Porque esta es una familia de hermanas y es la familia que Bianca ve desde que nace. La familia que iba a cuidarla, amarla y educarla por los primeros años de su vida.

Pasa el tiempo y Bianca vive en casa de Angelina. Se la ve regordeta; en dos meses, ha logrado alcanzar en peso y tamaño a su primo y hermano de leche.

Las hermanas hablan de las nuevas nupcias de Francesco.

—Se casa con Anna Bottazzi —le dice Chiara a Angelina. Tiene en los brazos a Bianca, adornada en lino con todo el ajuar que le confeccionó su difunta madre.

—Pero Anna es muy joven... —le responde Angelina.

—Anna siempre ha estado enamorada de Francesco. Desde que era niña, —responde Chiara con vehemencia.

—No hay nada malo en eso... —asegura la hermana.

Entonces, Chiara mira por la ventana y ve la figura de una mujer rubia con un sombrerito de encajes que va a cruzar la calle. Le informa a su hermana:

—Anna Bottazzi viene hacia acá. Viene a tocar la puerta.

Suena la aldaba de la puerta principal. Tres golpes seguidos. Las hermanas se miran. Se deciden. Chiara le abre. En el umbral, se dibuja la silueta de una mujer joven con un vestido de seda. Anna le hace un saludo formal:

—Salve —le responde Anna. Las dos hermanas inclinan la cabeza como respuesta al saludo—No se levante, por favor, no quiero molestar. Solo pido un minuto de su tiempo, si fueran tan amables.

Las hermanas asienten. Se hallan en presencia de la futura esposa de su hermano y eso la convierte en la única persona con potestad de pedir que devuelvan a Bianca a su padre. Pero ellas aman a la niña y no quieren dejarla ir.

—Solo quería decirles que Francesco me ha pedido en matrimonio a mi familia y que hemos aceptado.

Las dos hermanas vuelven a asentir. Luego se obligan a responder.

—Nos parece maravilloso. Felicidades. —Es la voz de Angélica. A Chiara se le atragantan las mismas palabras.

Chiara mira hacia la ventana y decide hablar fuerte: —Estamos de acuerdo, por supuesto, Francesco necesita una esposa. Y Bianca… Bueno, Bianca necesita…

Se queda sin palabras. Mira a su sobrina, que duerme plácidamente en el hueco de sus brazos. Su carita de ángel, de sus manitas regordetas, su adorable nariz.

—Lo sé. —Anna trata de ayudar, pero el instante es tenso.

—… necesita una madre —concluye Chiara. Aunque todo su corazón grita que Bianca no necesita nada, que la tiene a ella.

Anna, en un momento de comprensión, agrega:

—La cuidaré como hija que es de Francesco, como hija de tu querida amiga.

Los ojos de Chiara están anegados de lágrimas a punto de derramarse.

Anna sigue:

—Yo sé que no ocuparé su lugar, pero me esmeraré en ocupar otro lugar, un espacio digno. Haré a Francesco muy feliz y... cuidaré de Bianca. La llenaré de hermanitos. Ella tendrá siempre el respeto y la consideración de ser la hermana mayor.

Es demasiado para Chiara, que se vislumbra ya sola sin Bianca. En ninguna de las palabras que oye está ella.Se ha encariñado con su sobrina y la adora como si fuera propia.

—No necesita nada de eso. Nos tiene a nosotros. —Y estrecha más aún a la criatura.

—Lo sé. Igual sé que ustedes la aman. —Anna se expresa rápido tratando de arreglar las cosas...--. En especial tú, Chiara —agrega con dulzura—. Quede claro que no vengo aquí a reclamar.

—No estamos diciendo que vinieras a eso —le reprocha Chiara. No deja escapar sus lágrimas llevan un rato pujando por salir pero el brillo de sus ojos la delata.

Con un profundo suspiro, Anna dice: —Cuando ustedes estén listas y lo consideren apropiado, recibiré a la niña... Digo, a Bianca. Recibiré a Bianca. La recibiré y... la amaré. Amaré a Bianca como una madre a su... amada hija.

—Gracias, Anna —dice Angelina, casi obligándose a ser cordial.

Chiara se acerca a Anna y le da un breve abrazo sin desprenderse de la niña. —Lo sé —dice y lo repite.

Por un momento ambas tienen a Bianca en sus brazos.

## 24
# MIS ADORABLES PRIMAS PIAZZI

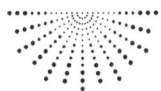

Al terminar la historia, me sentí conmovida. En el acta de defunción de Bianca, de 1946, figura Angelina como su madre, una de las tías que la salvó. Y mis dos primas eran su descendientes.

Las cuatro salimos a la calle, envueltas en nuestros abrigos. Bárbara, y Yira caminaban delante hacia el carro, y yo hablando con Monica hice un cálculo sobre el árbol genealógico, y le dije:

—¿Sabías que, según mis cálculos por generación, ustedes resultan ser mis sobrinas? —Ella me miró con una ceja alzada. Yo seguí para relajar: —Y como yo soy tía tuya, la tradición es que tienes que llamarme tía. «*Zia* Graciela»,

—¡Qué carajos te voy a llamar tía yo!

—¡Más respeto —dije yo riéndome—, que soy tu tía!

—¡Qué respeto, si hasta te relacionas con una bebedora!

—Ya salí yo a colación. ¡No peleen, por favor! —gritó Yira

desde atrás—. Pero ¿tú ves esto? —le dijo a Bárbara—. Ya se bautizaron como familia y esta es su primera pelea.

—¡Pelearse es una tradición familiar de Puerto Plata! —soltó Bárbara del tirón haciéndonos reír más.

Ya en el carro comentamos que algunos hijos de Bianca se habían criado al familia de ellas como mi tío abuelo Queco.

—Bueno, nuestro próximo paseo se trata de tu tío Queco —apuntó Mónica subiendo una pendiente—me imagino que saben que Queco era embajador de la soberana Orden de Malta,

—¿De veras? ¡Qué maravilla! —exclamó Yira encantada.

Yo sí lo sabía y también sabía que tío Frank era el actual embajador.

—Vamos al lugar donde se reúne secretamente los caballeros de la orden de Malta, —dijo Barbara.

Llegamos al tope de la loma, nos estacionamos frente al Jardín de los Naranjos. Una cola de gente se apretujaba como tratando de protegerse del frío frente a una puerta antigua de madera.

—¿Por qué la gente anda apretujada frente a la puerta? ¿Hay que hacer fila para entrar? —pregunté.

—Esta prohibido entrar. Ese lugar alberga la embajada de la Orden de Malta.

—Pero si no se puede entrar, ¿qué hace la gente haciendo fila? —Pregunté yo.

—¡Ah! —me dijo Mónica— La puerta tiene un agujero...

Efectivamente, cuando nos acercamos lo vimos. Era del tamaño de un pulgar como el hoyo de una cerradura. Bárbara fue la primera que se inclinó y pegó el ojo.

—¡Ajá! Ahí está San Pedro y… ¡todo iluminado!

Mónica fue la segunda en mirar: —Esto era lo que queríamos mostrarles.

Yira se acercó y puso el ojo para ver a través de la abertura.

—¡Ay!, ¡qué lindo el jardín! Pero... no veo a San Pedro.

—Déjame a mí —dije yo. En efecto, había un redondel, con un árbol al final y más atrás la cúpula de la basílica—:¡Qué belleza, todo iluminado! ¡Y qué suerte ver a San Pedro.

—Sí, —aprobó Mónica— ¡qué suerte que hoy esté iluminado!

Yira quiso mirar de nuevo. Se acercó. Se tomó su tiempo, inquieta, insatisfecha, retiró la cara y volvió a decir: —No veo a San Pedro.

—Déjame revisar —dice Mónica—. ¡Si está iluminado!

—No siempre está iluminado. Lo de hoy es una suerte... - dice Bárbara.

Yira se inclinó otra vez: —¡Pero es que no lo veo!

Bárbara fue indicando, describiendo, mientras Yira pegaba su ojo al ojo de la puerta, —...y más allá del árbol. En el horizonte. Ahí está. Iluminado. ¿Lo ves?

—¡Aaah! ¡Es la cúpula, la cúpula de San Pedro! —dijo al fin.

Nos echamos a reír.

—¿Qué creías tú que íbamos a ver...al mismísimo San Pedro con las llaves del cielo? —preguntó Bárbara.

—¿E iluminado, inclusive? —agregó Mónica, riéndose.

Yira se reía mas y mas.

—¡Nooo, no se rían de mí! Yo pensaba que era una estatua. ¡Estaba buscando la estatua!

Después de esta visita, cuando bajábamos por la colina, le

señalábamos la cúpula a Yira y le decíamos:—Yira, mira a San Pedro. ¿Ves? ¡San Pedro!
—Sí, ¡e iluminado! —decía Mónica sin parar de reír.
Al despedirnos, les preguntamos qué más hacer en Roma que sea espectacular...
—¡Oh! Ir al cielo —dijeron con risa.
—Pero ¡ya dejen el relajo y la broma! —pidió Yira.
Y salió Bárbara diciendo:
—¡En serio! Pueden ir al cielo... Al Cielo de Roma.
—¿Y se ve San Pedro mejor, más iluminado? —pregunté yo para rematar.
—Se llama así, Cielo de Roma. Al tope del Vittoriano. Se sube por un elevador.
El Cielo de Roma era un mirador desde el que se podía contemplar toda la ciudad.
El día que vinieron a despedirnos, Mónica me dijo: —Yo lo descubrí; digamos que lo calculé con más cuidado y no eres tía mía. ¡Somos de la misma generación!! Tú NO eres tía, querida mía, —declaró tan triunfalmente que no pude hacer más que echarme a reír.
—¿De verdad? Qué pena —dije poniendo morritos—. Yo quería ser tía tuya para que me hablaras de usted y me respetaras.
—¡Consuélate que fuiste tía por un día! —apuntó Bárbara. Y así fue que me quedé con el apodo de *tía por un día*.
—Yo nunca te iba a llamar tía. ¡Olvídalo! —dijo Mónica y miró a Yira que no paraba de reír—. Y, mucho menos, teniendo una amiga bebedora ¡que se empeña en ver a San Pedro iluminado!

. . .

ITALIA EN MI CORAZÓN

TENGO el corazón lleno de agradecimiento por mis primas. Por acompañarnos en ese viaje tan especial. Su bondad y su sentido del humor hicieron que cada momento fuera inolvidable. Sentimos la conexión desde el principio y se hizo tan fuerte que ha perdurado hasta hoy.

## 25
# VIAJE A SAN SECONDO CON BÁRBARA

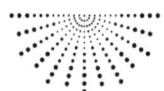

Volví a Virginia con el espíritu renovado. La aventura en Italia había sido un bálsamo para mi ser. Cierto, habrían pérdidas durante mi vida, pero también llegarían experiencias para aliviar mi alma.

Un día, llegó un correo de Franco informando que había conseguido la llave de la Iglesia. Sin más, me puse en contacto con Bárbara y acordamos fecha.

Nuestro primer encuentro en San Secondo fue en el restaurante, con las deliciosas pizzas llenando nuestra mesa. Cesare nos presentó su nuevo libro sobre una sociedad secreta fundada con el propósito de liberar a los esclavos. Cesare había investigado, descubierto y publicado su historia. Me entregó ejemplares para mis hermanas y me dedicó uno de ellos: "a nuestra querida sansegundina…".

Al abrir sus páginas me adentré en la historia de aquellos hombres que luchaban por la libertad y la dignidad humana. De repente, Cesare notó que me había detenido en la lista de los integrantes e intervino: —No hay antepasados tuyos allí.

—¡Oh! —exclamé, decepcionada.

Pero Bárbara, que también tenía las narices en mi libro, encontró a un Domenico Rainieri. Me lo enseñó y dijo:
—*Ta-na*.

Me volteé hacia Cesare y pensé que lo repetí pero lo dije como lo hacen en inglés: —*Ta-da!*—Barbará me corrigió con risa y repetí: —*Ta-na*.

Cesare sonrió.—No importa cómo lo digas. Ese no es pariente tuyo.

—¿Cómo lo sabes? —le reté.

—Porque no está en tu genealogía. Y yo me los sé todos...

—¿Qué tal si... son primos lejanos? Cincuenta por ciento que no es y cincuenta por ciento que es...

—Vas a tener que probarme que es.

—Vas a tener que probarme que *no* es.

Al final de la cena, estuvimos planeando cuando iríamos a conocer la iglesia de Ronchetti.

—Cesare, ¿nos acompañarás a visitar la iglesia donde se bautizó a Isidoro? —le preguntó Bárbara.

—Eso es peligroso. El techo de esa iglesia tan vieja está a punto de desplomarse —contestó él.

—El hecho de visitar el lugar del bautizo de Isidoro tiene un gran significado para mí. Es una conexión divina con mis ancestros. Un sacramento del despertar y del pertenecer.

Lo puse así porque sabía que Cesare comprendería.

Para entonces ya habíamos salido del restaurante. No pudimos convencer a Cesare quien se montó en su bicicleta despidiéndose y se fue.

## 26
## IL FUOCO DI SANT'ANTONIO

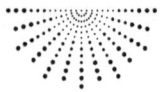

Sobre la repisa de la chimenea de Casa Adriana, entre fotos y adornos, hay un retrato de San Antonio Abad. En el cuadro la imagen del anciano santo rodeado de un asno, una vaca y una gallina. Este santo es parte del folklore de San Secondo, cuando las familias dependían de la agricultura y son los animales que ayudaban en esta labor.

Adriana usa ese cuadro para sanar. Y yo quería saber más.

Solicité permiso a Adriana para tomar en mis manos la imagen y examinarlo. No tenía firma. Era solo un lienzo delgado del tamaño de una hoja de cuaderno.

—San Antonio es el protector de los animales en San Secondo pero también para curar —me explicó Franco— *anche guaritore del Fuoco di Sant'Antonio.*

Adriana tomó el cuadro entre sus manos. Sus ojos brillaban con una luz especial al contemplarlo, lo que me impulsó a pedirle una fotografía. Adriana era guardiana de un conocimiento tan antiguo me contó que lo había heredado de sus ancestros.

—¿Es este cuadro un instrumento de curación? ¿Te apoyas en él para aliviar los males de la gente? —Mi duda persistía, no lograba comprender cómo Adriana ejercía su don del que estaba dotada.

—No yo. ¡Solo Dios sana! —repuso ella— pero es cierto que los símbolos ayuda a la persona en su fé.

Franco aclaró más mis dudas: —Ella utiliza la imagen como instrumento para interceder por aquellos que deseen aliviarse de un mal específico.

—¡Yo también quiero aprender a sanar a la gente! —dije entusiasmada por la posibilidad— No importaba de que, quiero aprender a aliviar el dolor de alguien. ¡De lo que sea!

Franco, siempre complaciente, no dudó en acceder y en su generosidad incomparable, se dispuso a enseñarme. Yo era una alumna ávida, pero pronto él y su madre comenzaron a hablar de prisa en el dialecto sansecundino. Miré a Bárbara, quien negó con la cabeza que no identificó las palabras.

—Oh, no! ¿Cómo voy a aprender si no entendemos nada? —Mi aprendizaje de curandera se vio truncado.

Pronto vi que Adriana se levantó y regresó con un pequeño objeto que colocó sobre la mesa: era un dedal de metal. Comenzó a explicar de qué se trataba mientras Franco traducía.

—*Il Fuoco di Sant'Antonio* —explicó Franco—, es como llaman aquí a la culebrilla. Y esto se usa así.... —Franco me enseñaba, y yo lo imitaba, mientras se recitaba una oración. Todo esto aliviaba el picor y curaba el mal.

—¿Y funciona siempre? —pregunté.

—Ni tres días le dura —respondió Franco—Incluso el médico del pueblo les da la opción a sus pacientes con culebrilla. Les dice: «Tengo esta medicina y este ungüento. Con el medicamento, se les quita en dos semanas, pero la señora Adriana Dodi de Ronchetti les puede ayudar con un remedio natural y sin químicos que se les quita en tres días. Ustedes deciden».

Me asombré que el propio médico le tenía tanta confianza y recomendaba sin prejuicios.

—Muchos vienen de parte del médico —agregó Adriana con orgullo.

Cuando fue haciendo hora del almuerzo, decidimos ir al restaurante Angendras para esperar la tarde la entrada a la iglesia. Cesare nos esperaba para almorzar juntos. Durante el postre, le pregunté a Cesare sobre los dialectos y el italiano.

—Cesare, he visto un anuncio que publicitaba clases de italiano gratis a los nuevos inmigrantes. Decía «Ayuda a nuevos inmigrantes para aprender el lenguaje italiano». Estoy pensando en mis hijos…

—Bueno, yo no hablo el italiano en sí todos los días (porque habla otro dialecto). Nosotros, los Emilianos, tenemos muchos acentos y la cadencia de nuestro idioma es muy amplia. No creo que se aprenda en una clase.

—Yo quisiera hablar el italiano de Isidoro. O sea, hablar con su acento y su cadencia, como tú le dices.

—Si tienes suerte y quieres aprenderlo. En mi caso, se me hacen complicados los idiomas. Mira sobre mi español. Lo aprendo rápido, pero lo olvidó rápido. Siento que los idiomas me evitan.

—¡Qué terrible! —me dio risa como lo dijo porque me imaginaba el español tratando de evitar a Cesare.

—Si quieres hablar el italiano de Isidoro, no será el italiano sino el dialecto *sansecundino* el que hablaban en esa época.

—A lo mejor Isidoro hablaba el italiano correcto a Bianca. O sea, hacia el esfuerzo de buscar el acento más correcto, para enamorarla. En Estados Unidos, yo hablo un español de acento muy neutro con otros latinoamericanos. Solo si quiero hacer chistes me pongo a hablar como dominicana. ¡Es el mejor!

—¿No es la lengua una herramienta? Isidoro se comunicaba en el habla de San Secondo y ella en la de Bologna. Y se lograron entender, ya podemos ver. ¿No fue que tuvieron nueve hijos?

Esto me sacó una sonrisa de oreja a oreja:

—Tengo entendido que eran diez, —dije.

—¿Ves? Se entendían de lo más bien, —me dijo, riendo.

Terminada el almuerzo nos levantamos para irnos.

—Hora de ir a conocer al custodio de la iglesia, —anunció Franco— Su nombre es Pietro.

# 27
# ROMERO

*P*ietro, el custodio de la Iglesia, nos recibió con una amplia sonrisa. Tenía el cabello oscuro y sus ojos alegres reflejaban años de historia. Su hogar, ubicado frente a la iglesia cruzando la vía Ronchetti, era una casa llena de flores y árboles, con un gallinero a un lado y un almacén al otro.

—He vivido aquí más de sesenta años —nos contó—. Antes, era el párroco quien cuidaba de la iglesia, pero después del incidente, la arquidiócesis me confió la llave.

Pietro nos describió la iglesia como un «cascarón», despojada de sus tesoros por unos ladrones. Pero antes de cruzar, quiso revelarnos lo que pudo salvar de la iglesia: una imponente estatua de San Isidoro, tallada en un solo tronco de madera.

—¿¡San Isidoro!? —dije yo, asombrada.

—Sí, pero no tu bisabuelo —bromeó Franco.

La estatua, tan alta como Pietro, representaba a un hombre barbudo, con herramientas de labranza en las manos. Al salir del almacén, un aroma me cautivó. Ya lo había percibido cuando llegamos, pero ahora me invitaba a explorar su origen. No eran el perfume de las flores sino un fresco y mentolado que parecía brotar de la tierra misma.

Con los sentidos alerta, seguí la pista de esa fragancia, paseando por el jardín junto a Pietro, Barbara y Franco. La nariz guiaba mis pasos. ¿Sería un pino exótico? ¿Una hierba aromática?

Siguiendo mi nariz caminé para atrás y para adelante. El aroma se intensificaba en partes o cuando la brisa levantaba. Pensé que era de algún pino alto que rodeaba la casa, pero si me alejaba de la casa, lo perdía. Cerré los ojos y respiré profundamente, tratando de identificar cada una de sus notas. Era como si mi alma se comunicara con la naturaleza, recordando aromas ancestrales.

Pregunté a Pietro —¿A qué huele?— pero él no lo reconoció como algo especial, tal vez por estar acostumbrado.

—Creo que yo lo siento también, —dijo Bárbara, nariz al aire.

—Las flores crecen con tanta abundancia que un amigo pintor las utiliza para crear una paleta de colores naturales, y me dice que a veces percibe el perfume que sale de su tinta, —dijo Pietro., pensando que yo estaba hablando de flores.

Todos nos unimos a la búsqueda del misterioso aroma, paseando entre las flores y los árboles. Mientras buscábamos, Pietro me compartió su pasión por la historia y la restauración de objetos antiguos.

—Yo entiendo eso de los ancestros —confesó—. A mi me gusta rescatar el pasado. Pero ¿cómo es que tú, viviendo tan lejos, sientes una conexión tan profunda con tus raíces italianas?

—Cuando mi mamá me contó la historia de sus abuelos, el asunto del abandono, sentí una herida en mi corazón. Sabía que algo no encajaba, que había una verdad oculta. Y eso me impulsó a buscar respuestas.

Pietro asintió con comprensión. —Eso requiere una sensibilidad especial. Yo también he tenido premoniciones, como cuando robaron la iglesia. Me desperté en medio de la noche con el corazón palpitando.

—En mi caso, mi corazón ya venía afectado, es más, lo andaba acarreando yo en su cavidad interna todo roto. Mi papá había muerto y eso hizo que mi corazón se rompiera. Y así vivía yo con un corazón hecho añicos ahí. Cuando mi mamá me dijo, fue como si me lo hubieran punzado otra vez y me dolía, —lo que no le compartí era que yo pensaba que seguía así, roto y debilucho.

—Será que nacimos para esto y que un catalítico nos pone en el camino, —dijo él.

Entonces pensé que mi catalítico fue la historia de abandono. Ese misterio que me había dado los primeros impulsos. Pero aún sabiendo la verdad, mi corazón seguía así. «Que corazón más tonto que tengo. Y qué débil», lo critiqué en mi pensamiento.

Seguíamos naríz arriba buscando el origen del perfume a verde y mentolado que impregnaba el campo.

—¡Huele a verde, verde! —insistía yo— un olor que inspira. Sé que lo conozco pero... ¿de donde?

—¡Ah! Ya sé. Es el romero antiguo que está ahí. —Pietro

## ITALIA EN MI CORAZÓN

señaló a sus pies un árbol pequeño recostado de la casa con sus hojas largas y puntiagudas. Su tronco delgado daba vuelta en sí mismo. El tronco me llamó la atención porque parecía como si fuera un manojo de alambres retorcido y fundido en sí mismo. Este aspecto nudoso daba la impresión de tener tantos años como milenario.

Pietro se sonrió al ver mi expresión de admiración y agregó: —Así es como crece. Pero no creas que es el mismo. Son generaciones del mismo. Todas juntas en uno.

Pietro se rió más cuando enterré mi nariz entre las ramas del romero como si estuviera oliendo un ramo de rosas, disfrutando el extasía narizil. (Esa palabra me la inventé yo. No la busquen en el diccionario). ¿Y el romero? Creo que estaba feliz de tener mi mejilla pegada a sus ramitas y mis brazos como abrazandolo.

—Hay generaciones de romero aquí. De este sale este, que crea a este, y este a este... se retuercen como en un eje, como para siempre... —Señaló las raíces, las vueltas del tronco— el hijo sobre el hijo, generación sobre generación... Lo protegí con un ladrillo plano, para resguardar las raíces del viento y del sol directo.

Pietro lo levanto un poco para que yo vea el principio de las raíces, y volvió a decir: «generación sobre generación».

Luego, con un hábil corte de su cuchillo, desprendió un generoso manojo de la frondosa rama.

—No tiene que cortarla, —protesté.

—Le hace bien cortarle algunas ramas pues crece muy rápido. ¿Qué crees? A pesar de su edad es un árbol joven que da sus ramas como frutos. Lo que tiene para dar, lo entrega.

Aquí hay para tí y también entrégale algunos ramos a la señora Adriana. A ella le encantan.

Supe que su aroma, fresco y envolvente, ya había impregnaría la casa de Adriana antes; y que hoy, otra vez, adornaría la mesa de su comedor. También a mí, desde este primer instante, su fragancia me acompañaría durante todo el resto de este viaje. Y más tarde, impregnaría los recuerdos con su dulce perfume de fresco.

Más tarde puse ramas en mi maleta, entre las sábanas y bajo mi almohada, el romero me envolvería en su aroma, arropando sueños felices, atrapando anhelos entre sus fibras, a mi misma y a mi camino, y saturandolos de su fragancia.

Con ese ramillete aromático guardé los recuerdos más preciados: Franco, Adriana y su familia, a Cesare y sus ayudantes, su historia y su tesoro divino. A Pietro, sus santos y su inseparable romero. Y la alegría de amistad y de aventura compartida con mis primas Piazzi.

—Lo empacaré por ahora para que cuando llegue a casa, sus efluvios mentolados y celestiales impregnen hasta nuestros pensamientos y sanen nuestras pérdidas.

Entonces escuché la voz de Pietro, —crucemos a la iglesia — y se dispuso a cruzar la calle. Y todos le seguimos.

## 28
## LAS DANZAS DE LAS PLUMAS

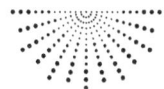

*P*ietro hizo crujir con su fuerza el candado de la puerta lateral de la iglesia empujándola hasta abrirla de par en par. Entonces el principio del ocaso se coló llenando un rectángulo oblicuo de luz en el interior oscuro. Y pude ver por evidencia en la arena y piedritas en el piso que nadie había puesto un pie adentro por muchos años. La bella iglesia estaba sedienta de compañía de los de almas buenas, descendientes de aquellos que una vez la vio vivir y refugiar su fe.

Mientras Pietro, Bárbara y Franco permanecían en el césped, absortos en la conversación, yo vacilé en la entrada. Apenas podía ver más allá del resplandor inmediato.

—Bueno, ¡entra! —me instó Pietro girando su cabeza solo un segundo.

Caminé con mis pasos crujiendo. Antes de entrar en la gran sala, me detuve porque escuché... ¿un murmullo de oración? ¿el arrullo de las palomas? ¿ una presencia angelical?

¿Música?

¿De donde venía esa música... una música más suave que los cantos gregorianos? ¿...eran palabras en oración? ¿El viento filtrándose a través de las ventanas rotas o los pasillos de las paredes? No creo en fantasmas y estaba a punto de descubrir que realmente no existen, pero sentí que algo estaba indiscutiblemente vivo dentro de esta iglesia en ruinas

Aguantando la respiración, entré en la nave con pasos deliberados: uno, dos, tres...

De repente, había un caos, una conmoción de plumas, aves chocando unas con las otras, ante mí.

Mi entrada enérgica espantó a un grupo de palomas que se encontraban en el suelo. Alzaron el vuelo desorientadas, atolondradas, chocando entre sí buscando la salida por las ventanas rotas. Su aleteo agitó a otras que en los nichos, creando un efecto dominó, chocaban en piruetas buscaban las ventanas rotas, hacia la salida.

El desplume se transformó en una divertida lluvia de confeti y danza de plumas que caía sobre mí. Era como si había irrumpido en una guerra de almohadas y todo el relleno se hubiera escapado. Impresionada y llena de risa, escupí y tosí pedazos de plumas. Las últimas plumas descendieron suavemente al suelo, como una pequeña celebración a mis pies. Como una bendición.

Cuando el alboroto se calmó me desempolvé y respiré hondo, admiré el lugar a mi alrededor, murmurando: «Gracias, gracias, gracias».

Estar aquí era un pequeño milagro. No solo para mí, habrá sido alguna vez el sueño de mis ancestros, volver a estas tierras, a este sagrado lugar. La iglesia era pequeña, pero guardaba una catedral de sentimientos. En sus piedras residían todas las plegarias que había recibido, grabadas allí hasta la eternidad. Y yo sentía su calor y su bienvenida.

Los vitrales, con sus rojos, verdes y amarillos, rotos en picos irregulares, reflejaban la luz en las esquinas como un caleidoscopio que reflejaba la gama de mis emociones. De pronto la luz del sol se filtró y se expandió y eso hizo que yo pudiera ver el reflejo de ese prisma multicolor como una infusión de dicha.

Mi corazón parecía llenarse en este despejar de las tinieblas a la luz divina. Entendí que se me presentaba un momento único, casi místico, y que aunque es cierto que la iglesia, víctima del tiempo y la meteorología, sucumbiría algún día, en este instante no. En este instante era eterna.

Si, ella también se desvanecería alguna vez y «moriría» pero eso no le impedía existir en todo su esplendor en el presente. La certeza de su futuro no le impedía regalarme todo lo que tenía a cada momento. Ella refugiaba palomas, polvo, plumas, luz y tinieblas. Una entrega total. Sin abatirse, inspirada en ser hoy, ella misma, intensamente. Finalmente alguien había venido a visitarla, a recobrar algunas de sus plegarias escondidas, y me estaba regalando en un momento el resto de su vida. Me sentí bautizada. Esperada. Soñada.

Mis ancestors, Stefano y María Benedetta, estuvieron aquí de pie con su hijo, Isidoro, en brazos. Doscientos años atrás, sus ojos contemplaron lo mismo que los míos, porque cuando alcé la vista la vi. Era la paloma blanca del Espíritu Santo, pintada en el techo, como en un vuelo de bendición sobre ellos.

Así como ellos, yo. Así como yo, ellos.

Ellos y yo, de pie, contemplando lo mismo en el mismo espacio, separados solo por una porción de años que, en la vastedad de la Eternidad, era apenas un suspiro.

El ruido de mis compañeros entrando y la voz de Pietro me devolvieron al presente.

29

MI CORAZÓN

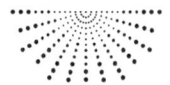

—*L*a iglesia fue cerrada en 1985, —Pietro les estaba dando un recorrido a los demás—. Poco después, cayó víctima del vandalismo. Llegué una mañana y las puertas labradas habían desaparecido. Incluso la pintura central del retablo la habían arrancado del marco con un cuchillo. —Todos volvimos la vista al altar y su pared vacía. Lo que había estado allí ya no existía. Los recuerdos se habían convertido en sueños

Pietro se detuvo con el grupo bajo las ventanas de vidrios rotos de colores y la luz multicolor cayó coloreando sus rostros, acariciando sus mejillas y tiñendo sus camisas. El describía un antes y un después, pero era como si los colores reaccionaban a sus palabras: el carmesí descolorido se volvió violeta profundo, el tímido azul cielo se convirtió en cobalto, el amarillo en una luz solar infinita. Una melodía jugaba con sus palabras melancólicas.

Y aunque Pietro señalaba los nichos vacíos y las telarañas

como símbolo de tristeza, pérdida y profanación, yo veía diferente. Sentí que nada estaba perdido. Sí, los objetos no estaban allí, pero percibía al vacío lleno: las arañas habían tejido sus propias obras de arte; las palomas habían encontrado hogar; y la luz venía a bailar con la oscuridad. Percibí que había ganancia y yo era extrañamente partícipe de esta perspectiva inusual.

Y que tal si la pérdida no era perdida sino el natural pasar de los años.

¿Y que tal si la vida era tan natural, pero tan natural como la muerte? ¿Y que la muerte era tan natural, pero tan natural como la vida?

¿Y que tal si no hay muerte, y que tal si no hay vida? Sino un juego del tiempo.

La vida y la muerte, el vacío y la plenitud, fluyen y refluyen, no como fuerzas opuestas, sino como una siguiendo a la otra en un eterno ciclo natural.

La voz de Pietro se elevó como una canción de amor al amado pasado, una elegía a la pérdida, mientras señalaba los espacios, —...las estatuas de sus nichos, los santos, las velas, incluso... la copa de plata bautismal.

Barbara, notando a mis ojos llenos y mis labios vacíos, dijo: —Pietro, Graciela desea ver el lugar donde bautizaron a su antepasado Isidoro.

Pietro señaló un trozo de fuente de piedra incrustada en la pared.

—La dejaron así. Es que no se la podían llevar tampoco pues la pila bautismal fue tallada en piedra sólida. Era demasiado pesada para robarla, como mover una pared. Oh, y esas puertas de madera crujientes a cada lado no se abrirán. Las bisagras están oxidadas. ¡Inténtalas si puedes! Cuando me acerqué hundí mi mano amorosa en la pila bautismal. Luego examiné las puertas a cada lado y recorrí las esquinas de aquel tesoro olvidado.

A pesar de que Pietro había dicho que las pequeñas puertas eran imposibles de abrir, estas ni crujieron cuando lo hice con cuidado y facilidad. Hasta pensé que se habían abierto solas.

Dentro, había un hueco forrado de pana roja. En ese preciso momento, un impulso me llevó a alargar la mano izquierda y deslizar mis dedos detras la tela. Un acto instintivo.

Lo tomé y lo saqué: un lino exquisitamente bordado en blanco. Supe que se trataba de uno de esos paños que se usan para sostener y secar la cabecita del bebé durante el bautismo. Me levanté mirando asombrada el paño en mi mano.

Mi corazón se detuvo un instante y luego reanudó su marcha con brío, dando saltos de sorpresa en mi pecho.

En ese instante, sentí la presencia de Bárbara a mi lado. Había presenciado mi descubrimiento y notó mi falta de aliento.

—¿Entiendes que eso ha estado ahí todos estos años, esperándote? —Fue lo que dijo ella.

Las palabras de mi mente se contraponía a los sentimientos de mi corazón. Sabía que era un milagro encontrar un vestigio del bautismo de un niño en la misma iglesia donde había sido bautizado Isidoro, mi bisabuelo. La coincidencia era extraordinaria: no se trataba de un objeto relacionado con una boda o un funeral, sino con el bautismo de una criatura. Un rastro, una conexión: lo que yo, instintivamente, buscaba.

—Ha estado esperándote a que lo encontraras...

Ella declaraba lo que yo sentía verdad. Y todavía pensé que si la iglesia había sido despojada de todos sus tesoros, ¿ahora yo me llevaría lo último que quedaba? Por más significado que pudiera tener para mí...

Bárbara tocó mi brazo con delicadeza para impedirme que pusiera la mantilla de vuelta. Luego, me tomó del brazo, y caminamos hasta detenernos frente a Pietro.

Barbara comenzó: —Pietro, esta mantilla...

Pietro la vió: —¿Eso estaba ahí? Y mira que yo revisé hasta todos los hoyos de las paredes... porque ahi los curas escondían cada cosa como moneditas de oro.

—Pero, esta mantilla no se la llevaron, —dijo Barbara.

Pietro se encogió de hombros. —Seguro, porque no tiene ningún valor.

Bárbara me lanzó una mirada incrédula, encontrando el último comentario bastante divertido. Yo estaba al borde de convertir mis lágrimas en risas. Era un objeto precioso solo para mí corazón. Para envolver a mi tonto corazón con un poquito de amor. Para que mi mano hiciera algo con su vida más que leer y escribir libros, para que se alargara a encontrar divinos tesoros en las iglesias de mis ancestros.

—Pietro, usted sabe que al bisabuelo de ella lo bautizaron aquí, —dijo Barbara.

—Sí, lo sé. Ya todo el mundo lo sabe, —miró a Franco al lado de él.

—...y que ella se siente muy conectada con este antepasado.

—Sí, ya lo sé –suspiró, volviendo su vista al techo.
—Entonces, ¿por qué no le regala esto?
Pietro se encogió de hombros de nuevo.
—¿Un regalo? Claro que sí. Ni siquiera sabía que estaba ahí. No tiene ningún valor…

Bárbara me sostuvo por los hombros, nuestras miradas se encontraron, mis ojos llenos de lágrimas y los suyos llenos de ternura, mientras intercambiábamos pensamientos tácitos: «Pero sí para mí» pensé. «Pero sí para tí» pensó ella. Nuestros ojos bailando en nuestro mutuo entendimiento.

Y ví como el viento entró y levantó las plumas del suelo.

Y ví como animaba las llamas de un corazón herido.

Un ligero aleteo en el techo me hizo levantar la vista. La paloma blanca, representación del Espíritu Santo, parecía volar sobre nosotras. Mi corazón se hinchó de felicidad y esto indujo que la paloma pintada se iluminara aún más ante mi reconocimiento.

El regalo de la vida *es* la vida.

Es lo único que realmente recibimos de nuestros antepasados y lo único que necesitan dar. Y ese conocimiento provocó algo que saltó en mi pecho. Era mi corazón, lleno de vigor, como si renaciera o fuera recién bautizado. Y ese amor infinito que viene de la primera célula y por ende de la divinidad misma. Había renovado mi corazón.

Si, porque revisé mi corazón. Y este era tan grande que no cabía en mi pecho, que creí que iba a explotar. Y danzaba con las plumas de los ángeles. Y mis ojos, llenos, comenzó a brotar agua bendita, lo que realmente son las lágrimas. Y mi corazón, bombeaba gratitud. Lo sentí fuerte, no roto, nunca roto, y eso me asombró reconocer, que en la caverna donde yacen los corazones rotos, el rubí flamante ya no estaba roto. Se había restaurado a sí mismo. El corazón que reconocí era nuevo, fuerte, completo. Un corazón que se atrevía a todo. Infinito e inquebrantable.

Pues pareciera que no se había roto de verdad; era su cascarón que se había roto, para que naciera el más valiente, sin miedo a amar.

Y no era tonto tampoco, «no le vuelvas a decir tonto a tu corazón, ni a tenerlo a menos, ni a des-respetarlo, porque...» era infinitamente amoroso. En él estaban todos mis ancestros y todos sus descendientes. Mi familia completa, mir hermanas, mis primos, todos.

Mi corazón se había conectado al sagrado corazón de Dios y me había regalado un ejemplo de su amor y ahora yo lo describo para que los corazones lo lean y se sientan amados.

Para demostrármelo, mi corazón se hizo el gracioso y daba saltos olímpicos y hacía malabares de alegría. La caverna a la que antes sus puntas de pegaban estaban llenas de salud. Mi corazón, alegre se divertía más en mi incredulidad; porque yo volvía a revisar y me daba cuenta de verdad no estaba roto, ni siquiera pegado con pegamento imaginario alguno, ni siquiera siendo reconstruido por una grúa minúscula imaginaria, no. ¡Estaba infinitamente vivo! Y era potente de un amor fiero. Un amor que me había traído aquí para experimentar la vida así.

Mi corazón se daba cuenta que yo me había dado cuenta. Y saltaba de alegría. Bailaba. Tocaba percusión, «tun-tún, tun-tún» como un tambor. Y yo con mis dos manos y el paño también, me lo aguantaba para que no se me saliera.

Sentía como si diera saltos de un lado a otro, como

boxeador en el ring. Rebosante, pleno, reconocido, y viviendo en su exuberancia ahora.

El amor es un océano en el que vivimos y nada existe fuera de él. Mi corazón lo sabía y saltaba celebrando su fuerza y el descubrimiento, de que la muerte no dejaba un vacío ni el abandono dejaba huérfanos. Todos seguían ahí, unidos por un hilo invisible y fuerte como el acero. Resplandeciendo con el agua infinita de la convicción de que aquí nadie nunca había perdido nada.

Nuestra conciencia de amor conectada con la conciencia de Dios, era infinita. Vivimos en amor. Venimos del amor. Y al amor volveremos.

# PARTE 4
## EL AMOR ES MÁS GRANDE QUE TODO ESTO

## 30
## NUEVOS REGALOS DE ITALIA

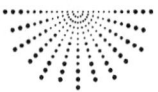

El abogado llamó a Victoria para una reunión en su oficina, sin mucha explicación, decidimos reunirnos en Roma.

Victoria estaba en Florencia tomando clases de italiano y yo estaba en los Estados Unidos viviendo mi vida normal. Un amigo me ofreció su apartamento en Roma.

No podía creer mi suerte.

Allí estaba yo, bajando de un taxi, a punto de cambiar mi vida ordinaria por una aventura romana, y fui recibida por un edificio de cuento de hadas. —¿Es aquí?— le pregunté al taxista, con los ojos muy abiertos de asombro. —¿Este palacio?

Se rió. —Esa es la dirección que me dio. Quizás alguna vez fue un palacio, pero ahora está dividido en apartamentos. Puede que no sean tan impresionantes por dentro.

No sabía lo que estaba diciendo, porque en esta cuadra todos los edificios eran mansiones antiguas convertidas en apartamentos. Pero este parecía tener una luz mágica que cambiaba de tono ocre según la hora del día y la fuerza de la luz del sol. Las sombras se movían entre las rejas de algunos balcones creando un baile de música secreta.

Al cruzar el umbral del portón de madera, pensé que me adentraría en otra época y aparecerían caballeros de sombreros altos y chaquetas entalladas. Pero en su lugar me encontré con un patio y, al final, una escalera circular de mármol con barandas de hierro forjado y, en el centro, un elegante elevador de 1920.

Yo, ansiosa de dejar mis maletas y comunicarme con mi hermana, pasé de largo la caseta del concierge.

De repente, un joven de pelo oscuro y ojos alegres me interceptó. Detrás de él, todavía en la caseta, un cachorro adorable estaba atrapado detrás de la puerta de vidrio y gemía moviendo la cola con entusiasmo.

—¡Y ese perrito tan lindo!

—No podía dejarlo solo en casa. Llora mucho —me habló como si ya me conociera—. ¿Graciela? Me dijeron que te esperara. Soy Fausto, el conserje. Estoy aquí para recibirte y enseñarte el apartamento.

—¿Y vas a dejar al cachorro ahí encerrado? Puedes traerlo contigo para enseñarme el apartamento.

—No, él no trabaja aquí, —me respondió con una sonrisa.

La puerta del ascensor hizo un ruido metálico y pensé:. «¿Será esta la máquina del tiempo?» Pero no se detuvo en ninguna otra dimensión, sino frente a una hermosa puerta color brandy del apartamento de mi amigo.

Yo quería tirar mi maleta adentro y salir volando para

buscar un cargador para poder comunicarme con mi hermana que llegaba en el tren.

—Primero le enseñaré el apartamento, —me atajó Fausto cuando vio mis intenciones.

—Gracias, pero no tengo tiempo, —le dije con más pena que vergüenza—. Mi hermana está por llegar y mi teléfono sin cargador casi en cero.

—Tengo órdenes de enseñarle cómo funcionan las cosas.

Me resigné a seguirlo y él comenzó a abrir puertas una tras otra dejándome boquiabierta de la belleza. Primero me presentó la sala que él cruzó y cuando abrió las ventanas del balcón la luz se apresuró a entrar inundándola toda. Ahora me daba mas vergüenza cuando lo seguía por el pasillo pintado frescos de uvas colgando de viñas, y las habitaciones y los baños… todo elegante y sofisticado.

Después de una detallada explicación de todos los aparatos, le pregunté sobre un cargador. Me recomendó que preguntara en la pastelería de al lado.

En la pastelería, pregunté al pastelero dónde podría comprar un cargador. ¡Me dijo que no tenía! Pero lo que sí tenía eran unos deliciosos bocadillos que me guiñaban el ojo desde la vitrina. El pastelero sonrió entretenido, mientras yo me zampaba una delicia.

Este me mandó a que preguntara en la floristería, y estos me mandaron al salón de belleza, y estos a la taberna, hasta que el barista sugirió:

—Vaya a la tienda del poeta peculiar. Vende cada cosa…

## 31
## EL POETA PECULIAR

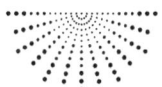

Zigzagueaba de negocio en negocio buscando la tienda del poeta peculiar y noté que detrás de mí todos los dependientes no tenían nada más que hacer que mirarme correr de puerta en puerta.

—Es que llega la hermana y se le acabó la carga al teléfono —se explicaban de una tienda a otra.

—¿Quién llega? —preguntó uno desde su puerta.

—¡Qué llega su hermana, Victoria! —contestó otro.

—¿Quién se llama Victoria?

Me dio risa escucharlos mientras abría la puerta del local. Una campanilla de bienvenida sonó al entrar a la tienda. Pensé, «En medio de Roma, había un secreto oriental» por las alfombras de colores vibrantes, y las vitrinas llenas objetos antiguos.

Se acercó un señor mayor, de ojos sabios y barba corta. Y me dijo: —¿Qué desea?

Tuve la tentación de referirme a él como al genio de la

lámpara mágica y pedirle... «...una alfombra de esas es mágicas para trasladarme a otro tiempo, por favor, para hacerle unas preguntas a mis antepasados». —Necesito un cargador para este teléfono, —atiné a decir, levantando mi teléfono a su vista.

De una vitrina rectangular abarrotada de cordones y cargadores, sacó el perfecto para mí. Lo compré y comencé a cargarlo allí misma sentada en un sofá rojo al lado del enchufe.

El anciano se acercó respetuosamente haciendo una inclinación y me mostró en sus manos un libro.

—Escucha. —Abrió una de sus páginas con cuidado y recitó—: *Lo que buscas, te está buscando...*

Si lo que me esperaba era un poeta italiano, lo que encontré fue un apasionado por Rumi. Su voz me transportó al siglo XIII.

Para impresionarlo, recité de memoria, (con modificaciones): —*No habrías tenido el deseo de buscar si no estuvieras destinado a encontrar.*

Cerró los ojos y disfrutó de las palabras que flotaron como nubes rosadas, —*...porque eres lo que buscas.* —Terminó él.

Lo que siguió fue una serie de intercambios de letras místicas que llegaban como la luna al alma.

—*Este resplandor contagioso de tu ser es de gran importancia. Contempla a tu alrededor y reconoce la luminosidad de las almas.*

Fue un festín de palabras que se saborean una por una. Versos místicos que fluían como un río de sabiduría. Un oasis escondido del caos de Roma. Mi mente se acurrucaba entre palabras inspiradas. Y yo le ponía alguna otra flor cuando se me ocurrían.

## ITALIA EN MI CORAZÓN

—¡Ya sabes cómo es! —le dije, improvisando un poco—, a veces tenemos un viaje a un lugar, pero algo nos lleva a otro.

—¡Qué emoción viajar con el corazón! —me respondió con una suave sonrisa. En su libro busqué un verso querido.

—*Mi alma está lejos de aquí. Lo sé...* —Lo modifiqué a propósito—: Mi alma está en San Secondo Parmense. Lo sé. *Y sé que ahí es donde terminaré.* Porque mi corazón ya se mudó allá.

Recitó otro: —*No tienes necesidad de viajar a ningún sitio, viaja dentro de ti misma, entra en una mina de nubes, y ¡báñate en el esplendor de tu propia luz!* —Su voz era melodía celestial e hizo bailar al humo del incienso.

Busqué en su libro mágico y le señalé: —*¿Y tú? ¿Cuándo comenzarás ese largo viaje hacia ti mismo?*

De memoria, recitó su contestación: —*Llevamos dentro de nosotros las maravillas que buscamos fuera de nosotros.*

Mi teléfono recargaba en la mesita y recibía su propio jugo para revivirse, mientras mi espíritu se avivaba con esta conversación mística, refresco en el idioma del alma.

—*¿Por qué te quedas en la prisión de tu mente cuando la puerta está totalmente abierta?* —Le señalé la puerta—. *No esperes más, tírate al océano y deja que este te convierta en mar...*

—*Todo lo que contiene el universo está contenido dentro de ti. Pídete a ti mismo lo que quieras.* —respondió él.

Las campanillas sonaron anunciando otro cliente. La señora que entró sacó de una bolsa unos zapatos altos para renovarle la punta a los tacos y los puso sobre el mostrador. Por lo visto, el poeta era zapatero también. Luego de que terminase de atenderla, busqué un verso y lo tenía listo, pero también modificado.

—*Deja que tu alma sea tu guía. Somos estrellas cubiertas de piel. La luz que buscas está dentro de ti.*

—Si, pero, hasta que la nube no llore, ¿cómo puede florecer el jardín? Es la lluvia lo que hace crecer las flores, no los truenos.

Mi teléfono había cobrado vida y mi hermana estaba a punto de llegar. Me levanté y le agradecí la amabilidad al poeta peculiar.

—*Si los pies de los árboles no estuvieran enterrados en la tierra, te seguirían. Porque ¡has florecido tanto!* —Levantó los brazos como si fuera un árbol y movió los dedos como si dejase caer las flores—, *porque eres la enviada...* de tus ancestros.

Me puse la mano en el corazón. Me dijo otro.

—*Dios ha creado tus alas no para que estén dormidas a tu lado, sino ¡para que las uses!* —Hizo una inclinación—. Ahora, *has de volar...*

Casi que iba a extender mis brazos y salir volando. Pero solo dije, —Ha sido un placer, señor.

—El mío.

En Roma, lo inesperado siempre está a la vuelta de la esquina, y un simple cargador puede convertirse en una puerta a un mundo mágico de versos místicos, corrí hasta la esquina donde mi hermana salía de un taxi. —¡Esa es mi hermana, Victoria! —les dije a todos, incitándoles a aplaudir. Corría a abrazarla.

Vicky salió del auto viendo la algarabía, «¿De dónde los conozco?», había pensado. «Ah, ando con Lache. Algo raro se inventó ella». Y sin más los saludó con la mano, —*Ciao, tutti!*

## 32
## VIA APPIA

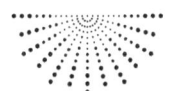

Una vez mi prima Bárbara me dijo: «¿Para qué hacerte italiana? Si ya tienes el corazón italiano». Y yo afirmaba en mi interior: «Tengo el corazón italiano».

Italia no es solo la tierra de mis antepasados, sino el lugar feliz de mi corazón. Allí, se encuentra mi fuerza, mi melodía, mi espíritu, y mi hogar. Ya no solo visito Italia, sino que Italia me visita a mí.

Y ya no importa si hay un documento legal que lo dice.

Y sin embargo cuando el abogado nos llamó para entregarnos la sentencia donde nos declaraba italiana por via femenina, no pude más que pegar un salto. Mi corazón y yo bailamos... ¡merengue! Después de todo el país donde nací habita en mi también y yo lo traigo conmigo de paseos a Italia.

Vicky y yo nos presentamos su oficina a firmar y terminado el asunto, Marco Pepe nos invitó a almorzar y a pasear. En el almuerzo, recuerdo que le dijo al cocinero:

—Quiero el aceite de oliva que viene de Calabria. ¡Ese que ustedes sirven a veces no es! Mis amigas no se van a conformar con menos, ¡eh! Porque ellas no son turistas, son italianas. Por *ius sanguini*. Y de ahora en adelante solo lo mejor de Italia para ellas, —y cuando llegó el aceite de oliva a la mesa, admiré su verde claro viscoso y su sabor pimientoso que nos acarició la garganta.

—Las llevaré a la calle más antigua: La Via Appia, —nos dijo luego.

Llegamos bajo la tenue luz del atardecer a la Vía Appia Antica y caminamos entre las ruinas de sus piedras y de sus árboles. Hablábamos un poco de todo, pero más lo escuchábamos a él, pues traía palabras que inspiraban. El es poeta y escritor también y sus palabras se teñían de emoción:

—Ayudarlas a recobrar su identidad italiana ha sido un placer para mí. Desde el principio, la *dottoreza* aquí con su pasión... —Levanté la mano, como diciendo «presente», recordando la primera vez que lo conocí y mi torpe presentación como ginecóloga en vez de genealogista—...su historia me cautivó. Asistirlos a tramitar la ciudadanía italiana para lograr el retorno de familia a sus raíces me trae un gozo interno inexplicable. Como si hubiera ayudado a mis propios parientes. Conocí a Isidoro y a Bianca a través de sus documentos y, sin embargo, me siento como si hubiera sido un instrumento de una...—Sus palabras casi fallaron— conexión divina.

Suspiró mirando las ruinas a nuestro alrededor.

—La ciudadanía no es un regalo, es un derecho. Ustedes tienen sangre italiana y les exhorto a que aprendan el idioma... —me miró directamente y le devolví una sonrisa cuadrada— para que puedan expresarse también en el idioma de sus ancestros.

Seguimos caminando y las piedras entre la grama absorbían nuestras pisadas mientras la brisa nos recibía por primera vez como italianas en Roma.

—Es entendible que este proceso de renovar la ciudadanía de los antepasados es guiado por un deseo interior. La lógica no explica. Es el corazón el que entiende estas cosas. Pero un abogado como yo deber proceder legalmente con evidencias.

Vicky y yo intercambiamos sintiendo el círculo cerrado. Habíamos estado destinadas a retornar a nuestras raíces, nuestros genes anhelaban este reencuentro, y este destino se había cumplido.

—Más allá de la ciudadanía, es una afirmación a una nueva vida, solo los poetas entienden los anhelos del camino y yo… entiendo —terminó él.

Asentimos con gratitud.

—Miren esta vía —levantó los brazos—, aquí marcharon los de la antigua Roma. Miles de soldados han pisado estas rocas. El tiempo pasa y la vida sigue y cada cosa que hagamos por mejorarla y amarla, se nos devuelve. Hay que traer lo bueno a este mundo. Hacer nuestra parte. Mejorar nuestro entorno. Salgan y disfruten y siéntanse felices del regalo divino de sus ancestros.

## 33
## ADONIS

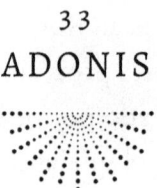

Roma, ciudad eterna, escenario de nuestra última aventura juntas.

El amigo que nos había prestado el apartamento había dicho: «Cualquier restaurante que se respete en Roma, necesita ser difícil de conseguir mesa. Vayan y hagan fila de espera en Ristorante Da Vincenzo. Digan que son amigas mías cuando lleguen».

Efectivamente, al mencionar el nombre mágico, la joven dueña de una nariz perfecta y cara angelical, nos miró complacida. Anotó el nombre en la libreta junto al menú y, con un guiño cómplice, nos condujo a una mesa en la esquina exterior.

Pronunciar el nombre mágico tuvo otro efecto inesperado. La dueña regresó con dos platos humeantes que colocó sobre el mantel blanco: una montaña dorada y crujiente de *Fiori di Zucca Fritti* (flores de calabaza fritas) a un lado y un *filetto di cernia* (filete de mero) al otro.

Mi hermana y yo nos miramos atónitas.

—No hemos pedido esto, —murmuramos, sin pensarlo.

—¡De la casa! —exclamó la dueña con una sonrisa radiante —El que viene recomendado recibe un regalo de lo mejor que tenemos hoy. Además, ¿conocen al papá de su amigo?

Negamos con la cabeza, intrigadas.

—Pues les cuento que es mi novio, —agregó, y yo escupí el agua. ¡La mujer, que aparentaba unos 30 años, no podía ser la pareja del padre de mi amigo, un hombre que bordeaba los 80! Estuve tosiendo mientras Vicky me daba palmadas en la espalda.

—Aceptamos todo lo que quiera, —respondió Vicky con astucia, sin perder la compostura— Y hablando de regalos, ¿qué tal unos *gnocchi* para hacerle honor a nuestra abuela? Era su especialidad, —añadió con una sonrisa pícara.

La dueña sonrió aún más ampliamente. —¡Excelente idea! Enseguida los traigo—, dijo mientras se alejaba como una colegiala que había dicho una travesura.

Vicky lo tenía claro: —Pues esto debe ser: *Normale!*

En la noche, mi amigo del apartamento había insistido que conociéramos a su mejor amigo y de plano acordado que nos lleve a salir esa noche. Así que vestidas de lo mejor, salimos las dos por uno de esos portones anchos de esos que parecen haber guardado secretos de vidas durante milenios. Lo cerramos con cuidado para no hacer ruido.

Nos encontramos esperando bajo una noche clara. Los carros venían y pasaban, y el futuro novio (de Vicky), digo amigo, nada que no llegaba. Los minutos pasaban y el amigo misterioso no aparecía.

De repente, dos autos irrumpen en la escena y se estacionan al otro lado de la acera, a cierta distancia. De uno, sale un muchacho muy atractivo, una especie de modelo de revista. Del otro, sale un muchacho de aspecto mas *normale*. O sea, agradable a la vista pero nada estrambótico. Los dos caminaron uno detrás de otro, cruzando la calle en diagonal, en dirección a nosotras.

—Se está acercando este muchacho buenmozo… ¿será ese o el otro? —preguntó mi hermana un tanto divertida de que pudiera ser el chico guapo.

—Dudo que sea el adonis que salió de ese carro deportivo, pues… ¡tanta suerte no podemos tener de conocer a uno de revista!

—¿Estás segura que no es este el amigo de tu amigo? ¡Me está mirando!

—No, que va. Ya la suerte se nos gastó con la ciudadanía italiana, y el apartamento prestado, y nuevos y valiosos amigos como Franco y Cesare… ¿Y que venga un adonis ahora, así, tan perfecto espécimen masculino, para salir a pasear nuestra última noche en Roma? Lo dudo.

—Pero es que… —Vicky no sabía a cual de los dos saludar.

—Es que sería demasiada suerte. De ser ese, ya me creería que nuestros antepasados son mágicos. Ya me pasó una vez con Stefano y… ¡no! Prefiero no pedirles nada. ¡No y no! ¡Déjate de soñar hermanita querida! Pon los pies en la tierra que eso de terminar en Roma en una fiesta con una galán de telenovelas… No te hagas ilusiones.

—¿Qué hago? ¿Nos acercamos? El adonis parece titubear…

—Deja de mirar al pobre adonis que lo estás poniendo

nervioso. ¡Ignóralo! Vamos a acercarnos al otro que viene por ahí...

En eso, el muchacho más *normale*... nos pasó por al lado. Ni nos miró, dejándome con la palabra en la boca. Y el adonis, un poco tímido, se detuvo frente a nosotras y preguntó:

—¿Victoria? ¿Graciela?

¡El adonis era el mejor amigo de mi amigo! La incredulidad me dió una *pecozá* imaginaria.

En mi mente le dí las gracias a mi amigo por haberme prestado el apartamento y por habernos mandado a un restaurante que se respeta.

Y ya que estamos en gratitud: Gracias también por este dios griego, digo, romano, que nos llevó de fiestas. Me imagino que no vas a poder contener la risa cuando leas esto.

Era 4 de julio, oficialmente, día de la independencia estadounidense. En 1776, los estadounidenses habían proclamado que todos los hombres eran creados iguales. Solo que este adonis ni era americano ni había sido creado parecido a nadie. Y como en la constitución también exhorta la pesquisa de la felicidad, nos lanzamos a encontrarla muy felices en brazos del que seguiremos llamando adonis.

Nos invitó a celebrar dicha independencia en un palacete de alguna marquesa. La mesa rebosaba de comida americana: hamburguesas, hot dogs y papas fritas, adornadas con banderitas de Estados Unidos. En la piscina, bajo música de Elvis, nos invitó a bailar y disfrutamos de una noche mágica en Roma.

Y todavía se le ocurre llevarnos a un concierto después de la fiesta:

—Hay un concierto en la *Piazza dei Popolo*... ¿Las llevo?

—¡Claro que sí! —¿Y le íbamos a decir que no?

Otra vez, más música, más risas, y bailando en las calles de Roma bajo la luz de la luna.

La medianoche llegó y el concierto terminó. Caminando de vuelta al auto, entre la multitud de jóvenes que se dispersaba, divisamos un revuelo en una esquina.

—Ese es Francesco Renga. —Nuestro amigo lo reconoció.

—¿Quién? —pregunté.

—El cantante que acabamos de ver en el concierto —dijo Vicky.

—¿Y qué hace caminando tan campante por la calle?

—¡Quién sabe! ¡Vamos a tomarnos foto con él! —Vicky me jaló y le zampó su teléfono a una de las chicas embelesadas con el cantante—. Tómanos una foto, por favor. *Mi scusi.*

El famoso cantante se rió al vernos tan decididas y abrió sus alas, digo sus brazos, invitándonos a posar a cada lado de él. Ni yo me lo creía:

—¡Acabamos de verlo en un concierto! ¡Qué coincidencia! Ha estado muy genial —le dije al famoso, ya la bilirrubina se me había subido de la emoción, y mi hermana me jaló para irnos y sin poder contener la risa, soltó:

—En el concierto ni te estabas dando cuenta de quién era quién; no inventes.

Y así terminó la velada. Adonis nos dejó de vuelta en el apartamento prestado, donde soñamos con bailes en Roma, hamburguesas con estrellas y cantantes famosos.

## 34
## EN CASA DE TÍA PILAR

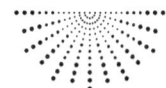

Semanas después me desplacé a Santo Domingo y le avisé a tía Pilar quien me invitó a desayunar en su jardín de orquídeas. Mi querida tía tenía muchas sorpresas para mí. No solamente me tenía un desayuno delicioso, con la combinación del *mangú*, salmón ahumado con alcaparras, y un jugo de toronja recién hecho, sino que puso en mis manos un regalo: una foto de tío Fernando para mí.

—Mira qué buenmozo —me dijo ella misma, tocando con su dedo la imagen.

—Bello, mi tío —le dije contenta aunque con lágrimas contenidas. Me conmovió que me tuviera ese regalo, y le dije —: Más de una vez me imaginé a Isidoro como él, su sonrisa a flor de piel y su manera de conversar, tan divertida.

Pusimos las fotos de los dos: nieto y abuelo, a cada lado para compararlas.

—Pero míralo aquí que de verdad se parecen —aprobó ella.

—A veces —le dije—, cuando lo veía en alguna reunión pensaba: «Este es el nieto de Isidoro que más se parece a él en todo», sin que tuviera yo una pizca de pruebas más que su sangre. No podía evitar pensar que sus ademanes eran así, los del uno como los del otro. Y eso me servía para hacer algunos relatos más amenos todavía.

Le dije que si alguna vez escribía un libro le pondría como título *Divino Tesoro*. El nombre de Isidoro, en italiano antiguo, significaba «regalo de la divinidad». Su nombre estaba compuesto de «Isis» en español, «Iside» en italiano, que era el nombre de la divinidad antes del cristianismo. Y «doro» significaba «regalo». Esa palabra la intercambié a «tesoro».

—Ese nombre le quedará perfecto. (También tiá Pilar me dio el nombre de este libro, Italia en mi Corazón)— y siguió— ¡Escríbelo! ¡Descríbelo y dales vida! Ese es tu verdadero regalo.

Admito que hasta ese día tenía una duda en mi mente, pero ella misma se adelantó:

—No necesitas mi permiso. Solo te sugiero que cuentes la historia desde el punto de vista de la investigación, no necesariamente siguiendo fielmente la historia de la familia, sino salpicándola con tus anécdotas. Es más, que sean tus anécdotas las que acarreen la historia. No te creas, *Bambina*, que lo tuyo es algo común. Es una conexión muy especial.

Con sus ojos grandes, tan lindos, y brillantes, agregó: —Por mí, no te preocupes de nada.

Le conté que caí en depresión por todas las pérdidas que iba teniendo en la vida. Y le dije que algo, un «algo», había venido a buscarme. Una fuerza vino a buscarme para levantarme de un letargo que amenazaba con embargarme.

—Ahora, dime tú si hay algo nuevo. Quiero saber qué le hubieras contado a él, —me pidió— dime qué le hubieras traído en este viaje.

Le conté que la historiadora Magda Barbieri había escrito un email desde Castelo d'Argile sobre un descubrimiento nuevo. Había sucedido en el salón de archivos del pueblo. Magda recalcó que ella no estaba ni pensando ni en mis ancestros ni buscándolos. Estaba en otra cosa. Pero de pronto, detrás de los gabinetes de archivos, un montón de papeles parecían haber caído al suelo...

—...el caso es que Magda estaba de pie en el salón de archivos y sola. De repente, escucha unos papeles se movían. Ella preguntó si había alguien ahí y al no escuchar respuesta se acordó que estaba completamente sola en ese lugar. Entonces, fue a ver. Me escribió: «Graciela, ¡cuál fue mi asombro al inclinarme sobre los papeles que había en el suelo y leí el nombre de tu antepasada Bianca Fanceschini!». —miré a tía Pilar esperando su reacción.

—¡¿Y qué era?! —preguntó con el alma en un hilo.

—Los planos de la casa de los Rainieri construida en 1904. Pero aún más asombroso era la firma de ella como dueña. Aparentemente en el terreno que Bianca había escogido, Isidoro le hizo hacer una casa. Estaba todo a nombre de ella. En una época donde las mujeres no tenían voz ni voto, ni heredaban, ni eran dueñas...

—¿Y todavía la familia dice que él la abandonó? ¿Cómo iba a abandonar a su esposa a quien había expresado su respeto con tantas obras amorosas? —Dijo tía Pilar. Lo había comprendido todo.

—¿Crees que nuestros ancestros quieren que contemos sus historias? Por que si no, ¿qué es todo esto?

—Son misterios y los misterios están a un nivel profundo —dijo ella pensativa—. Yo creo que eres un instrumento. Somos instrumentos todos. Instrumentos sanadores. Instrumentos de Dios. Fuiste llamada para sanar la psiquis de la familia,

—No sabemos lo que Dios tiene para nosotros ni lo que depara. Pero sí sabemos cuando somos llamados por inspiración a describirnos en letras o en palabras, para el bien de otros y el bien de una. Su razón de ser, de estos mensajes, es un misterio. Y como somos el instrumento no tenemos que saber. Como el lápiz no sabe lo que escribe en el papel. Eso que fuimos llamados a hacer, simplemente hay que hacerlo y ya, —me dijo tía Pilar ese día.

—Yo que he sido editora, que he editado manuscritos y he leído los tuyos, sé que tienes un don. Todo el mundo tiene uno en esta vida pero tu lo estas poniendo al servicio de la escritura. Y al servicio de la familia. Las historias sanan, de una manera profunda, sutil. Las historias renuevan la vida, te hacen vivir otra vez. Te invitan a ir en pos de lo tuyo; lo que le toca contribuir con tu creatividad.

## 35
# MENSAJES DE LA DIVINIDAD

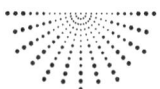

Y como ya se hacía tarde y el desayuno se había terminado, hicimos una caminata por su jardín de orquídeas, de helechos, de fuentes de mosaicos y flores y a dar gracias por todo aquello.

Me dijo: —El amor de mi vida, la vida me lo quitó muy rápido. Y sin embargo, si miro las fotos y los recuerdos de las risas, los detalles fueron muchos. En aquella cotidianidad se dio muy bien. Fue poco tiempo, si, pero mucha vida. El día que las cosas se terminan, se terminan, y empezarán otras.

En su jardín había una fuente que restaura almas.

—Ahora dime, ¿cuál fue el sueño que tuviste con Fernando? Yo tuve un sueño con él una vez. Donde estaba caminando en la grama cerca de la costa y levanté la vista y él estaba ahí. El mar a su espalda. Sus zapatos, encima de las rocas negras y afiladas. Su mirada hacia mí. Y lo vi y me di cuenta y salí corriendo hacia él. Pero me acordé y me detuve y se lo grité. «Pero tú estás muerto». Y me desperté transpirando en un ataque de pánico y miedo a la vida sin él, o a la muerte.

*Le conté sobre el sueño que incluí en el siguiente capítulo. Después, ella me compartió uno de sus sueños, el cual estoy adaptando para este libro...*

—...de pronto llegas tú y me dices de tu sueño, y que en tu familia piensan que nuestros sueños son visitas inspiradas por nuestros seres queridos.

Esa misma noche. El sueño se repitió. Apareció él de espalda al dorado del sol en un atardecer infinito. Y esta vez, corrí hacia él. Y corrí y corrí. Esta vez sus pies estaban descalzos sobre la roca afiladas pero no le hacían daño, porque *ya nada puede hacerle daño*. Con el mar salpicando detrás de él y esa sonrisa suave e íntima. Corrí y corrí y quise detenerme frente a él y decirle lo mucho que lo amé y que lo amo. Decirle mil cosas. Entre ellas, ¿por qué te fuiste tan temprano? Pero cuando corría con tal ímpetu, fuerza y velocidad, pensé que no podría detenerme, y que caeríamos al vacío del acantilado, abrazados.

Igual, me abalancé sobre él en un abrazo, y al entrar en esa esfera dorada de la eternidad, mi cuerpo también se volvió etéreo e infinito. Para mi sorpresa, o no sorpresa, él me apañó fuerte y me agarró y nos fundimos en el amor. El amor fiero que viene de esta familia combinado con la de mis propios ancestros.

Estuvimos abrazados por toda la eternidad. Y sí, desperté abrazando mi almohada. Pero también me desperté a una vida nueva. Una nueva relación con él, donde en cada espacio de

mi jardín, yo le digo: «Mira mis flores» y él las mira y admira mis flores. Y me siento a tomar mi jugo de limón y naranja. Le digo, «mira la llovizna», y él, mira y admira la llovizna. Y me acompaña y me sonríe y me dice, como una vez:
«—Pilar, aquí estoy para ti».
Y así será hasta que yo sane. Hasta que yo quiera. O hasta que la eternidad lo designe.

Y TÚ QUE tienes un corazón tan grande... un amor que te guía y que te dejas guiar. Yo sé de tus pérdidas..., bueno, algunas de ellas. Yo sé de tus alegrías..., algunas también. Y te digo hoy, lo hemos hablado antes, que no hemos llegado aquí por todas estas generaciones para desfallecer ahora, sino para erigirnos. Tenemos en nosotros un amor acumulado de las mujeres y los hombres que nos precedieron, que nos levantan en sus hombros, para ver mejor el horizonte. A ti te digo, levántate encima de tus penas. Levántate encima de los límites que les has impuesto al amor. Tú eres tu mayor aliada. El fruto bendito eres tú. Lo que el árbol te quiso dar ya te pertenece. Tú puedes sanar las heridas más profundas, el desaire más doloroso, las heridas de abandono de esta familia que como ya hemos visto son tan vastas, pero cuando te entregues acuérdate de ti. Entrégate a ti lo mejor. Tu que eres tan generosa con los otros, acuérdate de ti primero. Elegir lo mejor para ti.

# 36
# SUEÑO CON TÍO FERNANDO

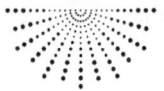

*E*ste fue el sueño que le conté a tía Pilar. Comenzaré con una referencia al libro de J. K. Rowling, *Harry Potter y la Piedra Filosofal*, en donde sale una tienda llamada Ollivander's donde se venden las varitas mágicas. Solo que, «las varitas mágicas escogen al mago». Y nunca se equivocan.

Estaba yo inclinada en el mostrador principal de esa tienda pero Ollivander no estaba presente. Se había ido en busca de algo. ¿De mi varita mágica? ¿La varita que me tocaba, la que representaba mis talentos y mi esfuerzo? La que, de usarla correctamente, me llevaría a realizar el sueño más ardiente que palpitaba dentro de mí. ¿Será eso?

—¿Me escogerá una varita mágica? ¿Cuál varita me escogerá a mí?

De pronto, me di cuenta de una caja larga y rectangular frente a mí.

La caja estaba hecha de un cartón finísimo dorado. Sobresalía un papel de seda escarlata de regalo exquisito y que había algo adentro. Me incliné para examinarlo.

Dentro había una pluma, o un plumón antiguo.

Como nadie me veía, me aventuré a alargar los dedos para acercar la cajita hacia mí, despejar un poco el papel de seda y contemplar la pluma en detalle. El barril era largo y el plumín parecía hecho a mano. Al final del cuerpo, en la punta contraria, había una espiral en forma caracolada. Al tocarla me latió el corazón.

Ahora que sabía que existía una pluma tan bella ya no quería una varita mágica, quería una pluma así, una pluma espiritual.

*¡Quizás había una así para mí!*

Me cosquilleaban los dedos por tocarla pero quería que me dieran permiso para tenerla.

De repente sonaron las campanitas de la puerta de entrada anunciando una visita.

Una figura alta caminó y se posó a mi lado, recostando una mano en el mostrador y apoyándose en ella. Admiré el celeste acuarela de su camisa: «qué color más bonito», y levanté la vista.

*¡Era tío Fernando!*

Simplemente, me dijo:

—Ven.

Y sin esperar mi respuesta, giró y caminó hasta la salida.

De un salto, corrí tras él temiendo perderlo de vista. Se veía radiante y yo me sentí dichosa de verlo. Mi corazón bombeaba felicidad.

Al salir, resultó que me encontré en Puerto Plata. Acababa

de salir de la Iglesia hacia el parque central, la glorieta casi frente a mí, y busqué a tío.

Lo divisé pasada la glorieta, bajando por la calle donde antes estaba la tienda de tía Piti «Mi Regalo». Él caminaba deprisa manteniendo su gracia y yo corrí tras él torpe y atolondrada. Ví que dobló por la calle que en mis tiempos se llamaba John F. Kennedy y hoy se llama Juan Bosch. Cuando Isidoro vivía, se llamaba la calle del Comercio.

Cuando lo alcancé, se detuvo por un momento y me señaló, «Mira, estaba ahí». Me pareció que me decía que el hotel estaba allí, señalando lo que le dicen hoy el Paseo de Doña Blanca.

Las casas se veían como recién pintadas y no había cables de electricidad ni postes que afearan su aspecto. Puerto Plata era una constelación de casitas de colores pastel, con sus puertas, sus ventanas brocados al estilo de vestidos de novias.

Pasamos por la casa de mis tíos donde pasé felices meses de mi niñez. La casa no existe ya, pero en mi sueño si. No me detuve porque mi afán era no perder de vista a tío Fernando, pero si divisé siluetas de niños jugando a las escondidas. Figuras de adultos sentadas en las sillas inclinadas hacia las paredes, *cherchando*, escenas de otro tiempo. Hasta llegó a mis oídos, el ruido de los muchachos jugando baloncesto, la pelota rebotando en la cancha de la esquina, donde mis primos grandes jugaban. Supe que una parte de mi infancia quedó prendada de aquel lugar y tiempo.

Lo seguí a la otra plaza, cerca de Boruga Capellán. Esta plaza parecía conservar en sombras a los artistas que se habían iniciado allí. Recuerdo al que imitaba a Sandro, que lloraba desconsoladamente cada lírica, y a Julio Sabala, que se hizo famoso por su imitación de Julio Iglesias.

Tío Fernando giró en dirección al malecón y yo lo seguí apurando el paso. Cuando llegamos a la playita, justo en ese punto, el sueño cambió. Parecía que nos adentrábamos en una pintura de acuarela, como en la película de Mary Poppins. El mar bravo del Atlántico se había vuelto un lago apacible, como un plato de sopa. La orilla del malecón no era rocosa. Estaba bordeada por una pasarela curvilínea pero de superficie blanca y perfecta.

Y al borde unos barquitos en el agua bailoteaban como al son de un vals escondido. Sus velas eran blanquísimas, como las plumas de las palomas de San Secondo. Eran triángulos hechos de nubes.

Me fijé que a lo lejos, del otro lado de este perfecto malecón, la gente caminaba por el espolón vestida también de colores pastel. Me fijé en que algunos nos observaban desde allá y nos señalaban.

Tío Fernando escogió un barco, lo desamarró de la cuerda dorada y me dio la mano a que subiera a bordo. Lo hice y me senté en la proa. Él se sentó también para manejarlo.

Salimos a alta mar, la brisa en las mejillas y las olas suaves llenas de estrellitas brillosas que ondeaba delicadamente saturados de luz.

Navegamos con la brisa y yo estaba extasiada observando el panorama pero también las figuras que estaban caminando al borde del malecón pues vestían colores pasteles recordándome que yo misma pertenecía, junto con ellos, a la creación de un gran pintor.

Pero de pronto parecía que el sueño iba a cambiar...

## 37
## TUS ANTEPASADOS TE ESPERAN

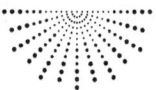

*D*entro de aquella pintura acunada por el mar, vi que tío Fernando se dirigía de nuevo a la orilla del malecón. Había hecho un trayecto de media luna y, ahora, se acercaba al gentío. Yo no quería que el paseo se terminara, pero algo me estaba pareciendo raro.

*Era que todo era perfecto.*

Entonces, me di cuenta de que él no era el señor mayor que había visto cuando le dije adiós en la playa de Punta Cana. El viento que le acariciaba la cabellera me hizo ver que su pelo no era de un blanco canoso sino de un color miel oscuro y tan nuevo como cuando era joven.

«¿Cuándo lo he visto así?», me dije. Y me remonté a una fiesta en el patio de árboles frutales de casa cuando aún existía el gazebo. Yo tendría entre siete o diez años cuando mis tíos Fernando y Frank llegaron con Pilar y Haydee. Eran todos bellos, jóvenes, alegres y extrovertidos, con grandes y contagiosas sonrisas. Él debía estar en sus treinta años en aquella ocasión.

No pude evitar decirle: —Tío Fernando, ¡te ves tan saludable y apuesto! Y tan joven. ¿Has perdido peso? ¡Pareces un sol de lo radiante que estás!

Parecía cautivado por las montañas, pero al escucharme, volvió su mirada a mí. Sonrió, como si supiera algo que yo no sabía. Sus palabras me llegaron como en murmullos. Las frases decían, «lo que quieras, como quieras, cuando quieras».

No entendí. Le insistí:

—Pareces joven; no has cambiado nada...

En ese momento, entendí algo de lo que dijo:

—Es como tú quieras. Es lo que tú quieras, como quieras, cuando quieras...

Volví a escucharle con atención y entendí que me había dicho esto:

—Tú puedes ser lo que quieras ser, hacer lo que quieras hacer y como quieras hacerlo. Tú puedes. Lo que tú quieras.

No era una orden. Ni eran palabras de aliento. Era, más bien, algo que me comunicaba, algo muy natural. Me estaba informando de la naturaleza de las cosas.

Entendí su mensaje, pero no porque lo hubiera escuchado con mis oídos físicos, sino por haberlo comprendido con los oídos del alma.

Días más tarde, al recordar el sueño, pensé que me había dado el permiso y la libertad total e infinita de escribir mi primer libro, «Divino Tesoro». Quizás me estaba exhortando porque sabía que contar sobre mi familia es un dolor y un bálsamo al mismo tiempo. Porque a veces pienso si puedo hacerle daño a alguien o si puedo ofender, pero esas dudas vienen de mí. Nunca ha venido ni de mis tíos ni de mis primos. Siempre me han hecho sentir más que apoyada. Tío Fernando me apoyó desde siempre. Pero para mí era importante su opinión. Esta es mi vida. Este es mi proyecto de vida.

De pronto me dí cuenta de que... ¡estaba soñando! El barco se tambaleó y todo parecía comenzar a disiparse. Y al tratar de agarrarme de la borda, me sobrecogí pues, ¡todo se iba a desvanecer! ¡Iba a despertarme!

«¡No!», pensé.

Pude concentrarme. Y aquella conciencia lo convirtió en un sueño lúcido. Un sueño en el que una tiene la conciencia de que está soñando, pero de igual modo sigue la trayectoria del sueño. Pero el sueño cobró velocidad y nos acercáramos a la orilla demasiado rápido.

En la orilla, antes de desembarcar, me sentí observada por todos los congregados. Les devolví la mirada. Pensé que tenían aspecto familiar.

La rapidez con la que mi tío desembarcó me produjo el temor de que se desvaneciera aquello. Desembarqué detrás de él, lo más rápido que pude, y para mi consternación, cuando vine a darme cuenta, ya él había cruzado el gentío alejándose de mí.

Me apresuré para seguirlo, pero la muchedumbre me lo impedía. Los presentes me saludaban, me tomaban de los hombros y me daban besos en las mejillas. Otros me estrechaban cariñosamente en sus brazos y algunos muy respetuosamente, me decían algo como «saludos»

Yo trataba de soltarme y avanzar, mis ojos fijos en la

silueta del tío Fernando que, ya en la distancia, estaba a punto de esfumarse.

—¡Espera! —dije alzando por fin la voz. Pensé que me estaba dejando sola con... ¡toda aquella gente!

Una niña con una trenza, que me recordó a una foto de mi mami cuando tenía nueve años, me sonrió tan plácidamente que no pude hacer más que estrecharla entre mis brazos. Aunque seguía siendo consciente de estar en un sueño, me debatía entre quedarme a ver a tanta gente hermosa y cariñosa... o seguirlo a él.

—¡Espérame! —le grité, aunque con más tristeza que decisión. Supe que ya era imposible alcanzarlo y que yo seguiría saludando a unos y a otros.

Sentía el amor como una brisa que emanaba de cuantos estaban allí reunidos. Mi alma lo sentía así; sentía que era de ellos hacia mí y de mí hacia ellos, en una reciprocidad perfecta. Un símbolo del infinito.

Saltando de entre la multitud, me deshice con suavidad de algunos abrazos y volví a llamarlo. Se encontraba en lo alto de una cuesta y, al oírme, se detuvo y esperó mi pregunta.

—Quién... ¿quién es toda esta gente? —Mi voz llegó hasta él sobrevolando a los presentes. Todos se detuvieron.

Fue la única y última vez que se volteó para verme y contestó sonriendo:

—Todos ellos —levantó los brazos como quien da una bienvenida— son tus ancestros.

Se giró y desapareció dentro del pueblo.

Por un momento, miré a todos y todos me veían a mí. Eran gordos y flacos, altos y bajos, grandes y pequeños, de todos los tamaños y colores, plácidamente sonriéndome, inclinando la cabeza en reconocimiento cuando los miraba. Nadie quería asustarme. Y yo los veía uno por uno, conmovida. También divisé algunos familiares que están vivos hoy y pensé si ellos también tenían un entendimiento. Y esto me hizo sentir más extasiada de amor. Porque me sentí como entendida. Embargada de un sentimiento sublime hasta lo infinito.

«Es el amor de miles». Ellos están conmigo. «Son miles de amores, conmigo».

Sus labores y risas, sus sueños y logros... están dentro de mí. Yo los sostengo para siempre y ellos me sostienen a mí.

Y así el sueño llegó a su fin.

El día que desperté fue el 24 de noviembre. Amanecía el cumpleaños de tío Fernando.

38
# EN NUEVA YORK

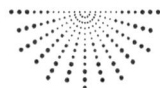

La peregrinación a la tumba de Isidoro en Nueva York, al principio truncado por la muerte de tío Fernando, resurgió en el corazón de Yvonne. En el teléfono, planeaba con Yvonne ir a Nueva York al cementerio.

—Lo prometido es deuda. Llevaré mi van; en ella cabemos, legalmente, ocho personas, pero ilegalmente cabemos más— lo dije a propósito porque Yvonne, la abogada que jamás quebrantaría la ley de tránsito, me amonestaría si hubiera algo ilegal en mis planes. Quería hacerla reír.

—Kiken y Frances vienen, con la beba, —me anunció.

—¡Ah, qué bueno! ¡En mi van caben todos más una *baby*!

—¡Ja, ja! No te preocupes que mientras yo esté viva y pueda detenerte tú no vas a meter 15 personas en tu van. Además, tío Frank ha enviado otro vehículo, una enorme *jipeta* y creo que con este adicional, vamos bien.

Las primas Imbert, son las hijas de tío Moncho, de dos matrimonios. Primero con Yolly Garratón (hijos en orden de nacimiento: Yollymer, Lissie, Monchito e Yvonne) y luego con Teresa Bobadilla (Gema, Gigi, y José María).

Gema nos esperaba en su apartamento frente al Parque Central para que desde su casa comenzar la travesía al cementerio de Kensico a visitar la tumba de Isidoro. Era una peregrinación combinada con un *in memorium*. Haríamos una ceremonia de dar gracias a los ancestros por la vida. Y hacerlo en honor a tío Fernando también.

Mis primos Imbert, ojos de una gama de verde limón a verde olivo me recibieron. Sus brazos cálidos me abrazaron. Y sus sonrisas radiantes me recordaron el amor de mi abuela Chela a su hermana Yolanda. Era Chela reuniéndose con cada pedacito de su hermana Yolanda. Un cuento de reencuentro, de afectos que no necesitaban palabras.

Porque, ¿qué hemos hecho nosotros los descendientes de nuestros ancestros? ¿Qué amores hemos dado y recibido? ¿Nos hemos aceptado como somos? Nuestras reuniones han sido mágicas porque el amor ha sido invitado y ha correspondido. Nadie tímido, la mayoría en confianza, y todos presentes en cada encuentro.

Me siento como un instrumento al escribirlo aquí. Estoy al servicio de la familia. Quizás en otro plano, cuando los ancestros o la divinidad a preguntado: «¿Quién vendrá a reconocernos? ¿Quién vendrá de entre los descendientes a escribir nuestras historias y a entender que estamos al servicio de nuestros descendientes?»

Pienso que yo grité, «¡Yoooo!».

Pues nadie, que yo sepa, me lo ha pedido. Pero es un deseo irresistible de conexión. Y cuando estoy con mis primos, con mi familia en general, mis hermanas, mis

## ITALIA EN MI CORAZÓN

sobrinos y mis tíos, soy la mas feliz. No sé por qué. Pero honro este sentimiento. Gracias a Yvonne hoy estábamos en la gran manzana con un fin hermoso: la gratitud a nuestros progenitores.

Pero antes de tomar camino, en el piso dieciséis de Gema y Vicente, contemplamos desde la ventana una esquina verde del Central Park. Estábamos todos desparramados por el *living*, unas sentados en sofás y sillones, algunos abrazados, haciendo chistes, contando historias. Las tías jugando en el suelo con Emma y Mo. Y yo, deseando no separarme nunca de ninguno de ellos.

En cada reunión con los Imbert siempre hay una anécdota de tío Moncho. Él es un personaje enigmático. Así que lo siguiente es un pequeño regalo de historias familiares para los descendientes de Yolanda Imbert Rainieri que en la posteridad lean esto y sepan un pedacito de su historia.

El primer recuerdo era el de las fiestas de fin de año en mi casa en Piantini. Época el 1978, no sé por certeza el año. Pues él llegaba a la celebración de año nuevo y una alegría electrizaba toda la casa. «¡Llegó tío Moncho!», aplaudíamos con vigor, chicos y grandes. Y es que era como si viniera una celebridad de Hollywood. Siempre elegante, su presencia llenaba la habitación, cambiando la química a mejor.

En mis recuerdos llegaba del brazo de tía Teresa. Lo primero que hacía era abrazar a mi mamá primero y preguntar alegremente: «¿Dónde están mis uvas?» Y mi madre, en respuesta, le entregaba un racimo de doce, una por cada mes del año, envueltas un lazo para darles un toque de caché.

—¿Ustedes se acuerdan, —le pregunté especialmente a

Gema— que en la casa de tu niñez había un árbol de navidad todo el año? A mi me parecía gracioso que en los meses de junio o julio, lo veíamos prendido ¡y hasta habían regalos puestos!

Mi mejor regalos son las historias. Y este día, las historias de tío tejían una narrativa de valentía inquebrantable. Gema, con su voz serena, compartió una anécdota que me conmovió profundamente.

Dice que una vez, un señor muy mayor que llevaba un bastón para balancearse, la detuvo en su camino a la universidad. «Conocí a tu padre en la cárcel». Gema lo entendió muy bien. Era un compañero de celda. Como su padre fue acusado de traidor, este hombre había sido acusado de conspirar contra Trujillo. «Otro preso político», suspiró Gema.

Había sido tirado a una celda oscura, sin ventanas.

Y tropezó con un cuerpo desnudo e inerte.

Preguntó asustado: «¡¿Quién es?!»

Y el cuerpo respondió con energía: «¡Moncho Imbert!»

Quizás había oído su nombre antes. Quizás le sorprendió la fuerza al decir su nombre. Temblándole la voz, tuvo el valor de preguntarle: «¿Tienes miedo?»

La voz no se hizo esperar: «No».

El señor no pudo hallar lógica en la respuesta con su mente ansiosa por no saber si la celda era fría o caliente, húmeda o seca; ni saber lo que podían hacerle a uno. Tampoco sabía si le iban a dar comida o si ya estaban enterrados vivos. En su ansiedad y desesperación, repitió la pregunta una vez más.

«Pero ¿no tienes miedo? No puedo ni verte. Nos han dejado aquí.»

La voz de Moncho se hizo más clara: «Hasta el miedo ha huido».

Bajo la crueldad inhumana hasta los pensamientos de miedo habían abandonado su mente, despavoridos. Su cuerpo casi electrocutado, sus uñas arrancadas...

Y yo me pregunto: «¿A qué le tengo miedo yo, entonces?» ¡Si mis venas están llenas de esta sangre tan valiente! El espíritu de los osados, indomable e intrépido, que brilla con una luz incandescente en la oscuridad.

*¿Y yo? ¿A qué le tengo miedo?*

A escribir este libro y desnudar mi corazón frente a todos. Miedo a expresar el amor inmenso que siento por mis ancestros. Miedo a mostrar como de verdad veo las cosas.

Hoy entiendo a tío Moncho con su Navidad eterna, después que salió de la cárcel nunca apagó su arbolito. Hoy entiendo lo valioso como es lo de mantener una visión festiva de amor en nuestra mente, a pesar de las adversidades.

¿Qué tal si todo el tiempo en que he vivido lo que ha pasado es lo que estaba supuesto a pasar?

¿Qué tal si todo lo que ha pasado tenía que pasar tal como pasó? Y que las decisiones que tomé han sido todas acertadas.

Las pérdidas que mi alma afrontó, ya no se sienten como un vacío. Se siente como una posibilidad.

Me responsabilizo de los fracasos y las alegrías por igual. Hoy soy nueva a la vida. Nací otra vez.

Y con este pensamiento, el mundo se habré ante mi. Fuerte y sereno. Duro y tierno. Cada día con su propio despertar y su propio final.

El largo camino que se abre ante mi, me ofrece mil posibilidades, mil amores, y en agradecimiento pongo un paso adelante. Sigo mi camino con la inspiración que he recibido de rescatar las historias de mis ancestros.

Lo que he perdido, no se ha perdido. Lo que se ha ido, no es para siempre. Lo importante es el amor presente. Ni las vivencias del pasado ni el futuro imaginado tienen tanta importancia como este presente. Este «hoy» en el que me encuentro plenamente agradecida y feliz.

Si por un momento me sale el miedo a mi encuentro, me daré cuenta de todo lo que me sostiene. Este piso, estas paredes, me resguardan. La comida de cada día, me nutre. El apoyo que siento, me hace sentir segura. Así que elegí mi camino e iré por mi senda con el corazón mas fuerte y amoroso que nunca. Un corazón moldeado por las vivencias. Así como pasó estuvo bien. Honro la voluntad divina.

De ahora en adelante, me lanzo a la vida. Con el corazón ligero y rebosante de agradecimiento. Estoy saludable y soy libre de elegir mi camino.

De ahora en adelante no pido nada. Yo misma soy mi mejor bendición. Yo misma soy amor infinito. Me dispongo a vivir el momento con lo mejor de mi.

De ahora en adelante no pospongo nada. Se acabaron las dudas, las quejas internas, la crítica quejumbrosa. El eslabón perdido ha sido encontrado. Dentro de mi.

Fuerte y feliz, camino, y hasta bailo, con un corazón abierto, renovado. Y este camino me lleva a lo mejor para mí. Lo más hermoso, la fortuna más amorosa, el tesoro divino escondido, aparece en mi camino, cada día trayendo su propio afán. Cada amanecer un génesis eterno.

## 39
# PEREGRINACIÓN AL CEMENTERIO KENSICO

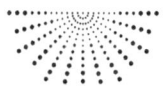

*R*odando por el *Brook Parkway*, bordeamos el *reservoir* que reflejaba las colores de otoño que en dirección al norte se hacían más brillantes. Los árboles del camino, con su manto de hojas doradas y rojizas nos daba la bienvenida al otoño. Al adentrarnos en el cementerio, nos recibió el portón enorme de hierro brocado.

Kensico es un parque pero esta también como una pequeña ciudad de calles de laberinto. Nos rodeaban pequeñas colinas con tumbas blancas salpicadas entre la grama verde. Más que un cementerio, era un parque natural. Un espacio donde la naturaleza y la memoria se invitan a fundirse eternamente.

Seguimos el guía que subió por la calle Seneca luego se estacionó y nosotros detrás de él. Un campo de pasto imperfecto se extendía ante nosotros, salpicado de lápidas como un mar de recuerdos.

—Es por ahí —Nos dijo el guía.

Solo nos quedaba rastrillar el lugar, y nos dimos unos metros de distancia y cuando veíamos una lápida en el suelo, leíamos el nombre en voz alta. Pero aun no hallábamos la de Isidoro.

—Yo siento como si estuvieran buscando a Frodo —dijo Gema, con su humor característico, comparándonos con la travesía de Frodo en «El Señor de los Anillos».

Yvonne llevaba el libro de árboles genealógicos. Yollymer y su hija llevaban las flores. Tía Yolly, octogenaria y llena de vitalidad, avanzaba con paso firme. Kiken y Frances con el coche de su pequeña Amaia. Yo, con el retrato de tío Fernando en la mano, iba detrás conversando con Sultán, recopilando historias que luego escribiría.

De pronto, escuchamos a Gema decir:

—¡Encontré a Frodo, digo, a Isidoro!

Rápido formamos un circulo alrededor de la lápida a nuestros pies: «Isidoro Rainieri».

—¡La lapida es de bronce! —exclamó Yvonne.

Sumaron su edad y se conmovieron más.

—Se murió a la misma edad que papi —dijo Lissie.

Al decir esto, unimos aún más la cabeza y fijamos la mirada en la tumba.

—Cuántas historias se repiten en este lugar, —murmuré— quizás está en nuestras manos contarlas, para que el pasado no se repita nunca.

Yvonne rompió el silencio con una propuesta:

—Hagamos un homenaje a tío Frank, que hoy celebra su cumpleaños en la sombra del dolor por la pérdida de su hermano. Y también a Kiken, que ha decidido compartir este día tan especial con nosotros, en este lugar tan peculiar.

Un sentimiento de profunda empatía nos invadió al pensar en tío Frank. En su día de cumpleaños, su corazón se llenaba de la tristeza por la partida de su hermano. Por el chat, tía Haydee había escrito que estaba a su lado, y sus hijos que también le acompañaban, le brindaban consuelo en un abrazo familiar.

Kiken, también cumplía años hoy, y estaba a nuestro lado con su esposa Frances y su pequeña hija Amaia. Le agradecimos su compañía el día de su cumple y en respuesta nos abrazó. El lugar nos demostraba la fragilidad de la existencia pero su abrazo nos recordó que nos teníamos el uno al otro.

Tomados de la mano, en un círculo de apoyo y cariño, pedimos consuelo para tía Pilar y nuestros primos: Fernandito y Giovanni y todos los descendientes de tío Fernando y sus amados.

Pedimos que el espíritu de la familia nos mantuviera unidos por siempre, aún entre la vida y la muerte.

Todo esto en el cementerio de Kensico, dimos gracias a la vida por la oportunidad de estar juntos, de compartir este momento tan especial y de honrar la memoria de aquellos que ya no están y bendecir a los que están por venir.

En ese cementerio, bajo un cielo grisáceo y nubes cargadas, encontramos algo más que una tumba. Encontramos la fuerza del amor familiar, la esperanza en el futuro y la certeza de que la memoria de nuestros ancestros siempre nos acompañará.

## 40
## CEREMONIA DE ACCIÓN DE GRACIAS

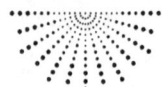

Tía Yolly comenzó la pequeña ceremonia de conmemoración a nuestros ancestros. Expresó que la ceremonia de hoy era reconocer la vida, dar gracias, por el regalo divino que es.

Junto a la tumba de Isidoro, colocamos las flores que habíamos traído y el cuadro con el collage de las fotos de tío Fernando y las palabras «In Memoriam». Lo acomodé cuidadosamente para que se viera claramente el nombre de la lápida, los nombres de abuelo y nieto, en la foto que tomaríamos al final.

Me salió decir:

—Isidoro Angelo Rainieri, este es tu nieto Fernando Antonio Rainieri. Él estuvo aquí, visitándote con tío Luis Manuel en el 2012. Vino con un sombrerito de invierno muy gracioso. Te hizo un homenaje. Tomó fotos y nos las envió al grupo de primos por email (antes de que existiera el chat). Él hubiera estado aquí, visitándote con nosotros.

En ese instante, recordé su risa contagiosa y supe que, aunque el más allá sea un misterio, nuestro querido tío estaba «un poquito más acá», hoy, acompañándonos en espíritu.

Tía Yolly elevó una oración por él, por los presentes y por los familiares que nos acompañaban en nuestro corazón. De cierta manera, ellos estaban presentes, ya que desde el inicio a través del chat, habíamos estado enviando fotos y comentando. La noche anterior, le había informado a tía Pilar que este era un «In Memoriam» y ella se había conectado desde la mañana para seguir nuestra peregrinación a través de fotos y videos.

Tomamos entonces el librito pictórico de los árboles genealógicos, el que tío Fernando había llamado «el huerto de árboles», para leerle a Isidoro, sobre su tumba, el nombre de todos sus descendientes.

—Aquí están. Bien ordenaditos en mi árbol mágico, digo..., genealógico. Se leen desde el tronco, donde están los abuelos, hasta las ramas. De abajo a arriba, de izquierda a derecha...

—Isidoro Rainieri. Nuestro progenitor, —comenzó Yvonne—. El que nos ha unido con solo existir. Nos hemos desplazado para visitarte porque según tenemos entendido, nadie estaba aquí en tu entierro. Estabas solo. Hoy estamos todos. Algunos presentes. Otros en nuestro corazón y otros en espíritu. Gracias por la vida.

Todos repetimos—: Gracias por la vida.

Luego yo tomé la palabra para mencionar los hijos de la pareja.

—Isidoro Rainieri, quien junto con Bianca Franceschini, formó una familia. Tuvieron 10 hijos. Uno de ellos murió al nacer y tres de ellos no tuvieron descendientes: Isidorito, Blanquita, y Beatriz. Gracias por sus vidas.

Todos repetimos—: Gracias por la vida.

Le tocaba a Yvonne mencionar a los hijos que si tuvieron descendientes: —Yolanda, Queco, Mafalda, Chela, Mayú y Ana. Gracias a Dios por la vida a nuestros abuelos. El regalo más grande que jamás se pudiera dar.

—Gracias por sus vida —dijimos.

Yvonne comenzó con la hija mayor que si tuvo descendientes, su abuela Yolanda. Yvonne leyó:

—Tu hija Yolanda Celia se casó con Manuel Imbert y tuvieron tres hijos: Yolanda (Yolandita), Moncho y Argentina. Gracias por la vida.

—Gracias por la vida —repetimos.

Yvonne siguió leyendo los hijos de Yolanda:

—Primero, Argentina no tuvo descendientes. Segundo, Yolandita se casó con Roberto Aybar y, juntos, tuvieron a Robertico, Conqui y Giovanna. —Después, mencionó a esposos y descendientes que, por privacidad, no voy a poner aquí, y luego decíamos «gracias por la vida». Ella siguió: —Tercero, mi papá. Moncho se casó con Yolly Garratón en primeras nupcias y, en segundas nupcias, con Teresa Bobadilla y sus hijos son: Monchito, Yollymer, Lissie, Yvonne, Gema, Giselle y José María.

Mencionamos otros descendientes, esposos e hijos y hasta nietos, pero por privacidad no van en este libro.

—Gracias por la vida —repetimos.

Seguimos con el próximo abuelo, Queco.

Kiken, porque nació el mismo día que Tio Frank y en su

representación, leyó los nombres de los descendientes de Francesco Rainieri, al que le llamamos «Queco».

—Queco se casó con Venecia Marranzini, quien era viuda de Luis Machado y tenía un hijo, tío Luis Manuel Machado. Este se casó con Sara Gómez y tuvo tres hijos: Luis Manuel Junior, Sara y Ricardo. Gracias por sus vidas.

—Gracias por la vida —repetimos.

—Queco y Venecia tuvieron a Frank y a Fernando. Frank se casó con Haydée Kuret y tuvieron tres hijos: Paola, Francesca y Frank Elías. Fernando se casó con Pilar Soto y tuvo a Fernandito y a Giovanni.

—Gracias por la vida.

La próxima era Mafalda. Yollymer leyó el árbol de Mafalda, en honor a nuestros primos Harper:

—Mafalda se casó con William Harper y tuvieron a dos hijos: Billy y Frank. Billy y Rose Marie Saletas tuvieron a sus hijos: María del Rosario, Billito, Johnny y Rosa. Frank David se casó con Pilar Martínez y tuvo a sus hijas: Mappy, Fanfy y Patricia... —mencionó sus matrimonios e hijos hasta completar todos los descendientes de Mafalda y se terminó con—: Gracias por la vida.

—Gracias por la vida —repetimos nosotros en sus nombres.

La siguiente hija de la pareja era mi abuela. Así que leí:

—Gracias Isidoro y Bianca por tener a mi abuela y darle vida. Y gracias a la vida por darme su nombre, «Graciela». Chela se casó con Joaquín Ginebra y tuvieron a mi mamá Socorro, y a Blanca Adelaida y a Nelson. Socorro se casó con Víctor Thomén y dio vida a Cristina, Adelaida, Georgina (Gina), Graciela (yo) y Victoria. Tía Blanca se casó con Rafael

Sánchez y tuvo a Glenda, Linette, Rafa y Pachy. Tío Nelson se casó con Marocha Azar Lithgow y tuvo a Nelson y Eric.

—Gracias por la vida.

Lissie, leyó el árbol de Mayú:

—Mayú se casó con Antonio Barletta y tuvieron a María Filomena y a Giuseppe. Giuseppe se casó en primeras nupcias con Dorka Jiménez y de segundas nupcias con Martina Alcántara. Sus hijos son Diana, Bianca, Gabriella, María Altagracia y Giuseppina. Su hija Maria Filomena Barletta Rainieri se casó con Tirso Ramos y tuvo a Antonio José. Gracias por la vida.

—Gracias por la vida —repetimos..

Finalmente, Frances, la esposa de Kiken, leyó el árbol de tía Ana:

—Ana se casó con Jorge Maltés y tuvieron a Miguel y a Ana Felicitas. Supermán, digo Miguel, se casó con Nani y tuvo a Michelle, Tanya y Adelle. Ana Felicitas se casó con Iván Cerezo y tuvo a Jorge (Keke) y a Iván (Chichi). Gracias por la vida.

—Gracias por la vida.

Y al terminar, nos dimos un abrazo de grupo, diciéndonos, «gracias por la vida, gracias por la vida, gracias por la vida…»

El cementerio quedó atrás. Y en él, dejamos muchas cargas que ya no se pueden llevar. Así es como se avanza: honrando el pasado al mirarlo como era por última vez, para liberarnos, y así abrazar el futuro. Un circulo cerrado con corazones agradecidos.

# AGRADECIMIENTOS

Quiero dar las gracias en especial en esta historia a los descendiese de tío Fernando. Mi amor más grande es para tía Pilar, que ella siempre me acompañó (desde lejos y desde cerca) y me apoyó incondicionalmente. Ella sabe de estos libros guiados que escribo, lo hago con mucho amor, y el cariño sigue creciendo con cada historia.

Especial agradecimiento a tío Frank y a tía Haydee que se han encargado de contarme sus historias. Por su cariño y su apoyo y porque siempre me hacen tan feliz.

Mi agradecimiento mayor es para mis hermanas, quienes me acompañaron en todo momento, me apoyan, las amo con todo mi corazón. En el viaje a Castello y a San Secondo nos acompañó nuestra querida amiga Elsita quien también nos llenó de cariño y apoyo.

A los italianos de este libro, que han sido personajes inesperados, carismáticos, quiero agradecer a cada uno: Franco Dodi, su mamá Adriana, la cual falleció dos semanas antes de publicar este libro. A mi querido amigo Cesare mi agradecimiento es infinito. Su generosidad desinteresada llega al nivel del altruismo. Muchas gracias. A Magda Barbieri que siguió investigando y me llevó a conocer el trayecto de vida de mi bisabuela Bianca, «Doña Blanca» hasta Colombia que saldrá en el próximo libro. A Marco Pepe, un abogado extraordinario, amigo afable, entusiasta de los ancestros y de Italia. Y por último a mis queridas primas las Piazzi: Barbara, Monica, y Valentina. ¡Qué gusto! Y junto a ellas a mi amiga Yira que me acompañó a conocerlas. Seguiremos las aventuras.

A mis primos, los Harper Rainieri, Imbert Rainieri, Rainieri Marranzini, Ginebra Rainieri, Barletta Rainieri y Maltes Rainieri, que me abrazaron, siempre me recibieron y compartieron conmigo tanto amor: Gracias. Los Imbert, en este libro, se llevan su plato aparte y ellos lo saben.

A mi tía Lourdes Thomen (Piti) y a mis primos Bonnelly Thomen, y todos los «Thomenes» que vienen de Santiago, quienes también disfrutan mis historias y me lo hacen saber. ¡Cuanto disfruto cuando lo hacen! Gracias.

## ACERCA DEL AUTOR

Graciela Thomen Ginebra, descendiente de inmigrantes italianos, nació en República Dominicana y reside actualmente en Virginia. A través de sus escritos, emprende un viaje introspectivo explorando el legado de sus ancestros, tanto por sangre como espirituales. En su libro debut, "Divino Tesoro", teje una rica tapicería de recuerdos familiares, donde el dolor y la alegría se entrelazan, revelando la complejidad y belleza de la vida. Guiada por una brújula interior, profundiza en la dolorosa historia del abandono de su antepasado Isidoro a su esposa en Puerto Plata, buscando descubrir la verdad detrás de este aparente acto de traición. Su estilo de escritura es profundamente personal e íntimo, revelando las alegrías, las penas y los inesperados regalos descubiertos dentro de la historia de su familia. Estas conmovedoras historias reflejan las complejidades de pérdidas que impone el destino.

Actualmente, la autora es una servidora pública que ha dedicado gran parte de su carrera a trabajar en temas de inmigración. La pasión de Graciela por la escritura le ha brindado una sensibilidad única, permitiéndole abordar temas complejos con una mirada compasiva y una curiosidad innata por descubrir la verdad y el regalo detrás de cada historia.

**Lista de libros de la autora:**

- Divino Tesoro: Memorias de Amor y Encuentros con mis Antepasados Italianos
- Italia en mi Corazón: Viaje a mis Raíces Italianas
- Mil Amores: La verdadera Historia de los Amores de mi Familia (2025)
- La Peregrina: Tras la Senda de Maria Magdalena
- Encuentro con la Magdalena (2025)

www.ingramcontent.com/pod-product-compliance
Lightning Source LLC
Chambersburg PA
CBHW032032040426
42449CB00007B/863